本书为2010年教育部人文社会科学研究青年基金项目《对外汉语词汇及语法教学数据库建设》课题成果之一，项目批准号为10YJC740102

This research is sponsored by the Education Ministry of China's Humanities & Social Sciences Fund. The project number is 10YJC740102

吴 茗

by Dr. Ming Wu

现代汉语常用语素项属性研究

Research on the Attributes of High Frequency Modern Chinese Morphemes

厦门大学出版社
国家一级出版社
全国百佳图书出版单位
XIAMEN UNIVERSITY PRESS

前 言

　　汉语字和词的关系历来为对外汉语教学界所重视,许多教师在课堂教学中自觉使用语素分析法,试图通过语素教学迅速扩充学生的词汇量,达到事半功倍的效果。一个高频常用字往往用于记录一个或几个语素,其中还有一部分是多义语素。在实践中,语素分析法往往在教学初期便碰上了一字多素、一素多义这个"拦路虎",此时,对于语素义的梳理便成为打通字词关系的关键。遗憾的是,我们对于语素义的分析工作还做得不够细致,意义的切分、归类尚不到位。教师只能靠个人经验和知识来运用语素分析法,这也阻碍了语素教学的科学化、系统化发展。本研究的目的在于彻底分析汉语语素在不同意义上的不同属性,建立标准化的数据库,为语素教学提供科学依据。

　　多义语素有多个义项,在不同义项上可能表现出不同的特征。我们把一个义项上的语素称为一个语素项,以构词能力最强的50个素形(汉字)所承载的581个语素项为对象,穷尽性地分析了这

---

① 关于"汉字"和"语素"的联系与区别,学界有不同观点,本书对于这两个概念的阐述详见绪论第一节。

些语素项所构的12083个双音合成词词项①,建立了一个"语素项属性库"。在此基础上,对语素项的语法类别、构词频率、构词位置、单用频率、自由度、在合成词中的平均显义度等属性进行了较为深入的探索性研究。

研究结果显示,从语法类别的角度来看,名、动、形类语素项的构词能力最强,介、助、连类语素项的构词能力最弱。从语义组合的角度来看,素义内部的各种限定性因素制约了语素项的构词能力;从语义聚合的角度来看,同/近义语素项之间在构词上存在着竞争和分工。语素项在词中的位置分布情况也影响着它的构词能力,在句法性语素项中,位置自由的语素项构词能力最强,单居前位的语素项构词能力最弱。

本研究把对语素自由度问题的研究落实到语素项上,以构词频率和单用频率作为研究依据,尝试从语言事实出发来判断语素项的自由度,把语素项分为"A只能构词、B多用于构词、C单用兼构词、D多为单用、E只能单用"五类,C类语素项无论在构词能力上还是在单用频次上都远远高于其他语素项,可见语素项构成合成词和作为单音词使用的功能并非互相排斥,既能构词又能单用的语素项在现代汉语中才是最活跃的。对于句法性语素项而言,某个语素项自由度越低,对其他语素项在语义意义(词汇意义)上的依赖性越强;语素项自由度越高,对其他语素项或词项在语法意义上的依赖性越强,C类语素项的语义意义(词汇意义)和语法意义达成了一种平衡,因而构词能力最强,单用频率也最高。在对外汉语教学中,针对自由度不同的语素项应采用不同的教学方法。

---

① 关于"词项"的概念界定详见本书第1页脚注②。

以往关于语素义和词义关系的研究大都是从"词"这个单位出发的,以词为中心,以解释词义的形成或词义的认知为目的,我们则立足于语素,把某个语素项构成的合成词词项集中在一起,分析该语素项在每个词项中的显义情况,计算出语素项构词时的平均显义度。我们认为在对外汉语教学中,针对显义度不同的语素项应采用不同的教学方法。

最后,本书从对外汉语教学的实际出发,在定性与定量相结合的基础上,介绍了对语素项进行分类、分级、级内排序的方法,并对语素项进行了教学方法上的标注,尝试建立对外汉语教学用的语素项属性库,以便把研究成果直接运用于教学实践和教材编写,实现语素教学的系统化、科学化。

FOREWORD

Theoretically, learning Chinese characters individually as a single component will be helpful to understand compound words using that same character. This method could potentially be used to help rapidly expand a student's vocabulary and understanding of the meaning of multiple compound words. However, due to the lack of standardized material while applying this method, many teachers have had to rely on their own knowledge or experience, and students have encountered difficulties caused by characters with multiple meanings in different compounds.

In teaching Chinese as a second language, it has been a proven theory that characters which occur with high frequency should be taught in the early stages. However, the more frequently the character is used in various compounds, the more likely that same character will take on more meanings. Furthermore, when the same character is applied to a different compound, the meaning may not be as obvious as what is originally taught. To solve these problems, we must do thorough research on the high-frequency characters and the multiple meanings they can carry. The goal of this research is to perform a thorough analysis of the relationship between the most frequently used characters and the compounds which they form.

In linguistics, a morpheme is the smallest meaningful unit of a language. In Chinese, the language is recorded in the form of characters, and one character can carry more than one meaning. Therefore, we define a character with one specific meaning as one morpheme. We analyzed 581 morphemes relevant to 50 characters, 12083 compound word items[①], and set up an attribute database of morphemes in order to analyze the relationship between the morphemes and the words. Based on the database, we did some research about the grammatical function, morphological productivity, distribution in words and frequency of usage.

Based on the qualitative study and quantitative study, we try to classify and divide the morphemes into different levels, and meticulously arrange their studying order in certain grades of teaching. We also add teaching method tags in the database, so that we can apply our study results directly to teaching practice and textbook compiling.

[①] One Chinese word appears as one or more characters in written form. When a word has multiple meanings, the same character/characters that appear in that word could carry different meanings. Therefore we define a word with a specific meaning as a "word item", in order to relate it to the specific morpheme.

目 录

绪 论 …………………………………………………………… 1
  第一节 题解和概念界定 ………………………………………… 1
    一、题解 ………………………………………………………… 1
    二、概念界定 …………………………………………………… 2
  第二节 语素研究综述 …………………………………………… 9
    一、与语素有关的本体研究 …………………………………… 9
    二、对外汉语语素教学研究 …………………………………… 18
  第三节 研究的意义和方法 ……………………………………… 21
    一、语言本体研究方面的意义 ………………………………… 21
    二、语言应用研究方面的意义 ………………………………… 22
    三、本书所用的研究方法 ……………………………………… 25
    四、本研究的创新之处 ………………………………………… 25

第一章 语素项属性库的初步建构方案 ………………………… 27
  第一节 语素项属性库的基本框架 ……………………………… 27
    一、研究范围 …………………………………………………… 27
    二、数据库的初始框架 ………………………………………… 28
  第二节 语素项、词项的选取和调整 …………………………… 30
    一、语素项的选取和调整 ……………………………………… 30

二、词项的选取和调整 …………………………………… 42
　第三节　判断词项、语素项对应关系的几个原则 ………… 45
　　一、立足于共时平面来选择语素项 ……………………… 45
　　二、兼顾两个语素的情况 ………………………………… 46
　　三、尽量保持词项和语素项的唯一对应关系 …………… 47
　　四、区别多义词各词项之间的差异 ……………………… 50

第二章　语素项构词能力分析 …………………………………… 54
　第一节　语素项的语法类别与构词能力 …………………… 54
　　一、语素的语法类别之争 ………………………………… 54
　　二、如何判定语素项的语法类别 ………………………… 56
　　三、语素的语法类别研究必须落实到语素项上 ………… 60
　　四、语素项的语法类别与构词能力的关系 ……………… 65
　第二节　素义特点与语素项的构词能力 …………………… 69
　　一、本义语素项和后起义语素项的构词能力对比 ……… 69
　　二、组合关系中的语义限定因素制约了语素项的
　　　　构词能力 ……………………………………………… 72
　　三、语素项在语义聚合系统中的竞争与分工 …………… 80
　第三节　语素项的构词位置与构词能力 …………………… 87
　　一、语素项的语法类别与构词位置的关系 ……………… 87
　　二、语素项的构词位置与构词能力之间的关系 ………… 89

第三章　语素项的单用频率和自由度分析 ……………………… 93
　第一节　语素项单用频率数据来源 ………………………… 93
　第二节　语素项自由度的判断 ……………………………… 96
　　一、关于"自由"和"黏着"的讨论 …………………… 96
　　二、语素项自由度分类 …………………………………… 100
　第三节　语素项自由度分析 ………………………………… 104
　　一、语素项自由度和构词能力之间的关系 ……………… 104
　　二、语素项的单用频次和自由度的关系 ………………… 107

三、语义意义（词汇意义）、语法意义与语素项自由度的
　　　　关系 …………………………………………………… 109
第四节　语素项自由度属性在对外汉语教学中的应用 …… 112
　　一、针对 A 类（只能构词的）语素项应采取的教学策略 … 113
　　二、针对 B 类（多用于构词的）语素项应采取的教学策略 … 114
　　三、针对 C 类（单用兼构词的）语素项应采取的教学策略 … 115
　　四、针对 D 类（多为单用的）语素项应采取的教学策略 … 117
　　五、针对 E 类（只能单用的）语素项应采取的教学策略 … 117

第四章　语素项显义度分析 …………………………………… 119
第一节　语素项在词中的显义类型 ………………………… 120
　　一、词汇学范围内关于语素义与词义关系的研究 ……… 120
　　二、认知心理学关于合成词加工中语义透明度效应的
　　　　研究 …………………………………………………… 122
　　三、语素项在词项中的显义类型 ………………………… 124
第二节　语素项显义度分析 ………………………………… 138
　　一、语素项显义度与构词位置的关系 …………………… 138
　　二、语素项构词时的平均显义度 ………………………… 142
第三节　语素项构词时的平均显义度在对
　　　　外汉语教学中的应用 ……………………………… 145
　　一、不适合于使用语素教学法的情况 …………………… 147
　　二、适合于使用"分解法"教学的语素项 ………………… 148
　　三、适合于使用"合成法"教学的语素项 ………………… 150

第五章　面向对外汉语教学的语素项分级 …………………… 152
第一节　语素项分类、分级的必要性和可行性 …………… 152
　　一、素形载义量的不平衡性 ……………………………… 152
　　二、语素项构词能力的不平衡性 ………………………… 156
　　三、语素项单用频率的不平衡性 ………………………… 160
第二节　语素项分类、分级的意义和基本思路 …………… 162

一、语素项分类、分级的意义 …………………………………… 162
　　二、语素项分类、分级的基本思路 ……………………………… 163
　第三节　素形、语素项分类的依据及操作过程 ………………… 167
　　一、与素形、语素项分类有关的四种频率因素 ………………… 167
　　二、素形、语素项分类的操作过程 ……………………………… 172
　第四节　语素项分级的频率参数和操作过程 …………………… 176
　　一、频率参数的设置 ……………………………………………… 176
　　二、频率参数的赋值 ……………………………………………… 180
　　三、语素项分级的具体过程 ……………………………………… 181
　第五节　难度参数与语素项的级内排序 ………………………… 183
　　一、难度参数的设置 ……………………………………………… 183
　　二、语素项级内排序的操作过程 ………………………………… 190
　第六节　教学方法标注和教学用语素项属性库的建立 ………… 197
　　一、为语素项进行教学方法上的标注 …………………………… 198
　　二、对外汉语教学用语素项属性库的建立 ……………………… 201
余　论 …………………………………………………………… 202
　　一、语素项构词频率、单用频率数据在辞书编纂中的应用 …… 202
　　二、正确认识和运用语素教学法 ………………………………… 204
　　三、本研究的不足之处和进一步努力的方向 …………………… 205

参考文献 ………………………………………………………… 206
附录一　581个语素项及其构词情况分析表 ………………… 231
附录二　190个X1a类语素项的分级结果和教学方法标注 … 259
致　谢 …………………………………………………………… 269

绪　论

第一节　题解和概念界定

一、题解

多义语素在不同义项上可能表现出不同的特点,以往的研究多把一个语素作为一个整体来研究①,很少涉及语素在具体义项上的不同表现。本书以构词能力最强②的 50 个素形(汉字)承载的 581 个语素项③为对象,穷尽性地分析了它们参与构成的 12083 个词项,在此基础上,对语素项的语法类别、构词频率④、构词位置、单

---

① 姜自霞. 基于义项的语素构词研究[D]. 北京:北京语言大学,2005.
② 严格意义上,与素形相对的概念是词形,与语素项相对的概念是词项,素形构成的只是词形,语素项构成词项。以往构词方面的统计资料多以汉字为单位,如《现代汉语频率词典》(1986)中的"汉字构词能力分析表",只把一个汉字作为一个单位来统计,不作语素分析,这种统计是单纯从"形"出发的,我们从该表中找出"构词能力最强"的 50 个汉字,实际上是构成词形数量最多的素形。
③ 50 个素形和 581 个语素项的具体情况,请看附录一。
④ 本书中谈的"构词频率"指的是语素项在《现代汉语词典》(第 5 版)中参与构成双音合成词词项的频率。

用频率、自由度、在合成词中的平均显义度等属性进行了较为深入的研究,探讨了语素项的语法类别、语义特点、构词位置、自由度、平均显义度等属性与其构词能力之间的关系。并从对外汉语教学的实际出发,在定性与定量结合的基础上,探讨对语素项进行分类、分级、级内排序的方法,尝试建立对外汉语教学用的语素项属性库,以便把研究成果直接运用到教学实践和教材编写中去,实现语素教学的系统化、科学化。

二、概念界定

(一)语素、语素项、汉字、素形

"morpheme"这个术语源于西方描写语言学,被介绍到汉语研究中来,先后有过三种意义、三个译名。最早被译为"形素",专指一个词里边的形态成分,跟表示实在意义的 semanteme 相对;稍后又用来指一个词的组成部分,译为"词素";现在最通行的意义是指最小的有音有义的语言单位,译为"语素"[①]。本书中的"语素"即指语言中最小的语音语义结合体。

在汉语语言学研究中,"字"是一个有争议的单位,有人认为汉字本身就是音形义结合体,汉字有字义,汉字能构词;也有人把汉字当作纯粹的书写符号,认为它仅是文字学上的概念。从后一种观点来看,汉字和语素的关系如下:语素有单音节和多音节之分,据苑春法、黄昌宁(1998)统计,汉语中单音节语素占到93%以上,可见,大多情况下,汉语的一个语素在书面上用一个汉字来记录,即一字一素,个别情况下,一个语素用多个汉字来记录,即一素多字。有时候,多个同音同形的语素也可能共用一个汉字来记录,即

[①] 吕叔湘.汉语语法分析问题[M].北京:商务印书馆,1979.

一字多素。

吕叔湘在《汉语语法分析问题》(1979)一书中为语素下的定义被广泛引用,但在实际操作层面,语素的划分和归并仍然是个难题。吕先生曾指出:"一个语素可以有几个意思,只要这几个意思联得上,仍然是一个语素……如果几个意思联不上,就得算几个语素",但他同时指出"有时候几个意思联得上联不上难于决定。"① 意义之间是否联系得上,判断的标准并不统一。按照《现代汉语词典》(第 5 版)② 划分语素的结果来看,"白"字承载了 3 个语素,其中语素"白¹"下有 10 个义项。杨锡彭(2003)根据意义有无明显的引申关系、语法功能是否不同来划分和归并语素,认为"白¹"又可以分为 5 个语素,因此"白"字一共承载了 7 个语素。

语素划分的标准不统一和多义语素的存在,使得以语素为单位展开研究难免遇到一些问题,首先是一个汉字所对应的语素数量无法确定,其次是多义语素在不同义项上具有不同的特征。如:在判断语素能否独立成词的时候,一个语素可以有互相联系的好几个意义,其中有的能单用,有的不能单用(吕叔湘,1979)。尹斌庸(1983)在对语素进行定量研究时,碰到了一小部分"兼职的语素"。董秀芳(2004)也认为"语素具有多义性,当我们谈论语素的语法类别时,指的是语素在某个特定义项下的语法类别,语素的不同义项可能属于不同的语法类别"③。这里有个术语的问题,"义项"是意义单位,而不是语法单位,说"语素的不同义项"属于"不同的语法类别",在表述上似乎有些矛盾。语素在不同义项上的差别是客观存在的,提出一个术语来指称一个义项上的语素,有助于我

---

① 吕叔湘. 汉语语法分析问题[M]. 北京:商务印书馆,1979.
② 下文简称《现汉》。
③ 董秀芳. 汉语的词库与词法[M]. 北京:北京大学出版社,2004.

们有针对性地展开研究,而且,在语素划分标准尚不完善的情况下,进行分义项的研究能够在实际操作层面上避开语素形式的分合问题,研究结果也可直接运用于语言教学。

苑春法、黄昌宁(1998)把"一个语素的一个义项"称为"语素项"。俞士汶、朱学锋、李峰(1999)把一个义项上的不能单用的语素作为一个"语素登录项",建立了一个与语法信息词典相配套的汉语语素库。姜自霞(2005)"把一个义项单位的语素叫作语素项"。俞士汶、朱学锋等的"语素登录项"所指范围较窄,苑春法、黄昌宁和姜自霞所定义的"语素项"所指比较接近。

我们认为不同义项上的语素确实存在差异,这种差异不但体现在语义上,还体现在语法类别、构词能力、自由度等其他方面。我们借用苑春法、黄昌宁和姜自霞的定义,把一个义项上的语素称为一个语素项,把语素项的书面表现形式称为素形(等同于文字学上的汉字)。语素项是分义项的语素,是语素的应用单位,它的提出,使语素和它的某一素义[①]取得唯一对应的关系,有利于从微观的角度细致考察语素在不同义项上的实际使用情况。这样,我们就能把一个多义语素具体化为意思上有联系的一组语素项来进行研究,把同音同形的语素具体化为共享同一素形但意思上无联系的几组语素项来进行研究。在对外汉语教学中,语素教学强调的并不是语素的概念,而是形和义的联系,成分和整词的联系。留学生不具备辨识同音同形语素的能力,我们把素形和语素项对应起来,等于把"形"和"义"直接挂钩进行研究,更能满足对外汉语教学的实际需要。本研究中素形(汉字)、语素和语素项的关系如图1-1所示:

[①] 我们把语素义简称为"素义"。

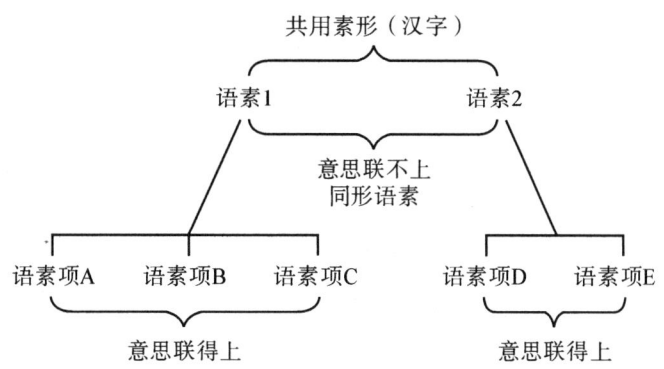

图 1-1 素形(汉字)、语素和语素项的关系

(二)词、词形和词项

词的概念界定是学术界至今仍在讨论的难点问题,有的学者单从语义方面考虑,认为词是"语言的最小的意义单位"(王力,1943);有的单从形式上来考虑,认为词"是拼音文字里经常连写在一起的一组字母"(刘泽先,1953);有的从语法和语义出发,认为词是"语言的最小的独立运用的意义单位"(吕叔湘,1953)。有的从语法、语义和语音三个方面来表述,认为词"是语言中有意义的能单说或用来造句的最小单位,它一般具有固定的语音形式"(符淮青,1983),"词是语言中一种音义结合的定型结构,是最小的可以独立运用的造句单位"(葛本仪,2001)。冯胜利(1996)则独辟蹊径,从韵律学的角度来界定"词",以语言中的韵律单位为基础提出了"韵律词"的概念。

不单是概念界定,在词的辨识与切分上也存在一些问题。陆志韦等(1964)提出的"扩展法"得到了广泛认同,但操作起来并非通行无阻,比如在"离合词"上就遇到了障碍。符淮青(1983)认为源头上无联系,或源头上有联系而现代汉语中无联系的为同音同形词,然而意义联系的有无,判断起来也没有统一标准。

我们认为,目前对于词的界定和切分虽然尚无比较理想的结论,但总的来说,共识大于分歧,《现代汉语词典》作为当代比较权威的一本语文性辞书,从1978年正式出版至今,先后经过4次大的修订,不断吸收词汇学研究的新成果,能够比较真实地反映现代汉语词汇的面貌。因此,本书对于"词"的界定和切分问题不作讨论,直接以《现代汉语词典》(第5版)中所收录的词及其释义内容为材料来研究语素项构词的规律。

词也有单义和多义之分,词在不同义项上也可能具有不同的语法属性和结合能力。随着研究的深入,许多学者展开了以义项为单位的词汇研究,如:厦门大学国家语言资源监测中心教育教材分中心承担了国家社科基金项目"基于国家语委'通用语料库'之上的汉语义频词库的开发"。张博、邢红兵(2006)以《现代汉语词典》为依据,建立了"现代汉语多义词义项频度语料库"。陈波(2004)在《小学语文教材词汇构成及常用词使用状况研究》一文中提出了一个新的概念——"义项词","在考察词的使用频率的时候,把一个词按照义项的多少分为多个义项词"。岑泽丽(2005)在《义项词及其教学状态的调查研究》一文中对义项词的内涵和外延作了进一步的阐述,认为义项词的研究是词的应用研究,是为了突显词的义项的实际使用状况而提出的概念,义项词也是词汇单位,是最小的能够独立运用的语言单位。"多义词在具体语境中可以看成一个个固定语音形式和一个义项相结合的义项词……义项词和义项不一样,义项是一个词义单位,而义项词是音义结合体"。

我们认为,多义词在各义项上不仅语义不同,在语法属性、使用频率、结合能力上也可能有所区别,提出"义项词"这个新的术语对于词的应用研究确实有重要意义,但义项词并不是语音形式和义项在"具体语境中"结合而形成的,"具体语境中"的往往是词义变体，可能是词的临时义，而词典中的义项一般是词在一定数量的语料中反复出现的大致相同的意义，是固定的、具有相对独立性的意义单位。在本研究中，为了与"语素项"、"素形"相对应，我们把一个义项上的词定义为一个词项[①]，把词项的书面表现形式称为词形。词项是分义项的词，是词的应用单位，单义词只有一个词项；多义词则可以看成一组意义上相互关联的词项；同形词可以看作是共享同一词形，但意义上互不联系的几组词项。

（三）义项

关于义项的定义，有的学者从词义学的角度来说，如："多义词的不同意义称为义项"[②]；"义项指的是多义词相对独立的意义项目"[③]；"语义的单位可以依次划分为句义、词组义、词义、语素义，其最小单位为词义和语素义的义项。由此可以说，义项是语义的最小单位"[④]。有的从词典学的角度来说，如："义项，就是词典中词义的分项。一个词有多少个固定的理性意义，就应列多少个义项"[⑤]；"义项就是辞典对词语在实际运用中不同意义的概括反映"[⑥]；"辞

[①] Richard A. Hudson 的"Word Grammar"被译为"词项语法"，这个"词项"指的是认知网络中的词，而不是具体的词，和我们所定义的"词项"不同。郭良夫(1988)把"词项"(Lexical Gntries)定义为"词典里的项目，通常叫做词条或词目"，他所定义的"词项"属于词典学的范畴，等同于"词目"，和本书中"词项"的定义也不相同。

[②] 胡明扬. 语言与语言学[M]. 武汉：湖北教育出版社，1985.

[③] 胡明扬. 词典学概论[M]. 北京：中国人民大学出版社，1982.

[④] 出自符淮青. 义项的性质与分合[J]. 辞书研究，1981(3)。在 1996 年出版的《词义的分析和描写》一书中，符淮青对这一定义进行了修正，认为词典中的义项至少可以分为三种类型：一个义项是一个意义；一个义项是几个相近意义的排列；一个义项是某个方面意义的概括，其下细分不同的意义。只有第一种类型的义项(狭义的义项)是词典经过细致分析后所得到的词义单位，才是词义的最小单位。

[⑤] 张清源. 谈义项的建立和分合[J]. 词典研究丛刊，1980(1).

[⑥] 李尔钢. 现代辞典学导论[M]. 北京：汉语大词典出版社，2002.

书的义项是反映义位的,义位是辞书概括和划分义项的依据"①。不管从哪个角度出发,大部分学者对于辞书义项与词义之间的对等或近似关系是较为认同的,也有一些学者指出辞书义项在个别情况下可能是几个相近的词义排列而成,或是某个方面意义的概括,此时,辞书义项大于词义。

  关于义项概括、划分和取舍的问题,学界也进行了诸多讨论。以往辞书义项的确立多依赖编写者对有限的例句进行提炼和归纳,近年来,随着语料库语言学的发展,辞书在为词目或字目分列义项时,也或多或少地参考了这方面的一些研究成果。

  由于规模、用途和编写年代不同,各种辞书在对具体义项的归纳和取舍上有所区别。《现代汉语词典》(第5版)是一部质量较高的中型辞书,它所列的字词义项基本能够比较客观地反映现代汉语中语素义和词义的情况。因此,在义项划分上,本研究以《现汉》(第5版)所收字词义项为基本依据,并根据语素义和词义关系分析的结果,添加少量义项。

  本研究在归纳分析义项时也特别注意把"语素义"和"素义变体"两个概念区别开来。语素义指的是语素共义,是固定的,在辞书中往往表现为字目下的一个义项;在具体的词中,语素义出现的变异叫语素变义,它是语素共义在语用中的变体,是个别的、临时的②。

(四)语素和词的关系

  由一个语素组成的是单纯词,由两个或两个以上的语素组成的词是合成词。语素有单音节和多音节之分,现代汉语中单音节语素占到93%以上(苑春法、黄昌宁 1998),因此单纯词以单音节

---

① 苏宝荣. 词义研究与辞书释义[M]. 北京:商务印书馆,2000.
② 参照符淮青在《现代汉语词汇》一书中对于"语素共义"和"语素变义"的论述。

词为主,合成词则以双音节的居多。

当语素独立成词时,语素义与词义相当;当一个语素和其他语素组合成词时,语素义和词义的关系可以分为五种类型[①],苑春法、黄昌宁等(1998)曾对覆盖6763个汉字的汉语语素所构成的二字词、三字词、四字词进行了穷举性描述,认为语素在构词时意义绝大多数保持不变,少数变化情况也是有规律可循的。

语素项是分义项的语素,词项是分义项的词,从微观的角度来看,语素构成词,即语素项构成词项、素形构成词形。为了行文方便,我们有时会说:"素形所构的词"、"语素项的构词能力"等等,严格意义上来说,指的是"素形所构的词形"、"语素项构成词项的能力"。

第二节 语素研究综述

一、与语素有关的本体研究

汉语语言学界对于语素的研究可以追溯到20世纪初,对"字"与"词"关系的探索可以视为语素研究的雏形,章士钊(1907)、黎锦熙(1924)等认为有时一个字就是一个词,有时要两个字以上组合起来才能成为一个词。中国传统语言学一直把"字"作为音义结合的最小单位来研究,对"字"和"词"关系的阐述,实际上反映了一种朴素的语素意识。20世纪40年代,陈望道(1940)曾就"语"和"语素"作了一番论述,他说"假使构成新语的语素各各可以独立的,所

---

① 符淮青.现代汉语词汇[M].北京:北京大学出版社,1985.

成的语便是合成语;假使构成新语的语素,有一成素不能独立的,所成的语便是推出语。其实所谓独立,一经会合,就已经成为不独立,就已经成为新语的一分子,不便再称为语,而当正名为语素"①。他所说的"语素",其实是专指词的构成成分,即狭义的"词素"。

真正意义上的汉语语素研究始于20世纪50年代末期,发展于80年代。从50年代至今,语素研究先后出现了以下几个热点:

(一)概念和术语的确定问题

从20世纪50年代至80年代,"字"、"词素"和"语素"作为表示最小音义结合体的术语出现在不同的语言学著作中,"词素"和"语素"的术语之争是研究的一个热点问题。

"词素"于20世纪40、50年代开始出现在汉语语言学著作中,该术语的广泛运用是在1957年陆志韦等的《汉语的构词法》问世之后。陆志韦认为"汉语的词不那么容易提选。最方便、也是最合理的办法是把凡是有意义的音节都先当做词素。其中有能独立的,当它是独立的时候,词素等于词。当它在语言片段里不能自由运用的时候,词素+词素才是词"②。张寿康(1957)也提出:"构词单位是词素,不是字"③。此后,"词素"这一术语得到了广泛认同,但所指有广狭之分,少数学者把能独立成词的最小音义结合体排除在"词素"范围之外,如黎锦熙、刘世儒(1957—1962);多数学者在运用这一术语时,所指的既包括合成词的词素,也包括能够独立成词的词素。

"语素"作为"morpheme"译名的时间略晚于"词素",1958年,

---

① 陈望道,《文法革新问题答客问》,转引自:杨锡彭.汉语语素论[M].南京:南京大学出版社,2003.
② 陆志韦等.汉语的构词法[M].北京:科学出版社,1957.
③ 张寿康.略论汉语构词法[J].中国语文,1957(6).

吕叔湘在《语言和语言学》一文中说"每个单位用一定的语音跟一定的意义相联系。这样的单位叫做语素。音素和语素是语言的两个基本单位,是两个平面上的东西,音素没有意义,语素有意义"。并指出,"用'语素'做'morpheme'的译名,是朱德熙先生的建议。一般译作'词素',这个名称老叫人想到它是从'词'里边分析出来的。事实上,语素是比词更加根本的东西"①。周一农(1994)认为这是"语素"作为"morpheme"译名最早的定义。

吕叔湘(1958,1979)和朱德熙(1961)对"语素"和"词素"两个术语进行比较,认为"语素的划分可以先于词的划分,词素的划分必得后于词的划分,而汉语的词的划分是问题比较多的"②。"'morpheme'有两种涵义:或指词内部的有意义的组成成分(词根、词头、词尾等等),或指最小的、有意义的语言单位。就前一种涵义说,译作'词素'是合适的,就后一种涵义说,译作'词素'会让人感到先有词,从词里头再分析出'词素'来",③主张采用"语素"一词。

此后很长一段时间内,关于"语素"和"词素"的讨论不断,如:周一农(1983)在《谈语素与词素之别》一文中赞同使用"语素"这一术语;张静(1987)在《汉语语法问题》中则坚持了"词素"说;张志公(1984)认为,叫"语素"还是叫"词素""不仅仅是名称问题,而是关系到对语言的观察和认识问题"④;宗世海(1997)对"语素"说、"词素"说各自的理由作了比较全面透彻的评析,认为"这不仅仅是个术语选择的问题,而是同时交织着人们对汉语最小音义结合体本

---

① 吕叔湘.语言和语言学[J].语文学习,1958(2~3).
② 吕叔湘.汉语语法分析问题[M].北京:商务印书馆,1979.
③ 朱德熙.说"的"[J].中国语文,1961(12).
④ 施光亨,《语素研究述评》,转引自朱之一,王正刚.现代汉语语法研究的现状和回顾[M].北京:语文出版社,1987.

身范围、功能认识之分歧"①，提出语素＝构词语素（词素）＋构形语素（形素），对三个术语的关系做出了一种新的诠释。

80年代之前的汉语语言学论著中，多用"词素"，直到1979年吕叔湘先生的《汉语语法分析问题》一书出版，"语素"这个术语才被广泛运用，许多教材和论著都改"词素"为"语素"。80年代以后，"词素"与"语素"的使用出现了分工，"词素"多用在词汇学著作中，"语素"则多出现在现代汉语教材和语法论著当中。还有一些学者同时采用"词素"和"语素"两个术语，如刘叔新（1990）的《汉语描写词汇学》。

（二）语素辨识和划分的问题

随着"语素"概念的确定，如何确认和辨识语素成为后续研究的难点和热点问题。识别语素必须解决两个难题，一是确定字符串中包含了多少个语素，二是确定用同一个汉字表示出来的是同一个语素还是几个同形语素。关于语素的辨识，吕叔湘（1979）先生有一个十分形象的比喻"这两个问题都可以说是'一个还是两个？'的问题，不过前一个是一根绳子切不切成两段的问题，后一个是一根绳子掰不掰成两股的问题"。②

关于第一个问题，陆志韦（1956）沿用了布龙菲尔德的"替换法"（substitution）来确定单音词，此后"替换法"成为汉语学界识别语素时普遍运用的方法，胡裕树主编的《现代汉语》（1979版、2003版），黄伯荣、廖序东主编的《现代汉语》（1979版、1997版）都把"替换法"作为确定语素的有效方法来介绍。然而，董为光（1994）则从理论和实践两方面对语素"替换法"提出了质疑，认为对于构词能

---

① 宗世海.语素"说、"词素"说理由评析——兼论汉语语素的分类[J].暨南学报，1997(4).
② 吕叔湘.汉语语法分析问题[M].北京：商务印书馆，1979.

力较低,"一次性"使用的语素而言,"替换法"行不通。杨锡彭(2000)研究了仅具单一结合能力的语言单位,提出用"比照法"对语素资格进行认定,认为"如果一个单位是语素,则另一个单位也是语素"。曹炜(2003)肯定了"替换法"的价值,对"替换法"做出了一些调整和补充,将"定位替换"调整为"不定位替换",并把"是否具有别义作用"作为补充,为确认那些以往"替换法""管不到的对象"是否为语素开辟了一条道路。

赵元任(2002)则注意到了语素分析主体的不同对于分析结果的影响,认为:"比较可取的方法是采用读书识字的人的最大限度的分析,而不采用文化程度较差的人的分析,因为程度之差是渐变的,不容易得出一致的结果。"[①]这一方法具有社会语言学、心理语言学上的意义,启发我们可以用心理实验的手段来帮助确定语素。

关于同音同形语素的划分和归并问题,吕叔湘(1979)提出以"意思联不联得上"作为划分的标准,但同时又指出有时候几个意思联得上联不上难于决定。判断意义是否有联系,本身就有很强的主观性。杨锡彭(2003)根据意义有无明显的引申关系、语法功能是否不同来处理语素的分化与归并问题,在"意义"标准外增加了"功能"标准。但实际操作时,二者如何协调也成问题,如:"火❶"(物体燃烧时所发的光和焰)是名词性语素项,"火❽"(兴旺;兴隆)是形容词性语素项。这两个语素项之间有引申关系,但语法功能不同,是否应该分立为两个语素呢?关于语素的划分和归并问题,目前尚未找到一个十分理想的解决方案。

(三)语素分类的问题

从"语素"的概念确立至今,研究者从不同角度对汉语语素进

---

① 赵元任.汉语口语语法[M].北京:商务印书馆,2002.

行了分类,主要采用了以下几种分类方法:

首先是语音角度,一般把语素分为单音节语素、双音节语素和多音节语素,较为特别的是:尹斌庸(1984)把语素按音节的多少分为非音节语素、单音节语素、双音节语素等。周一农(1986)用的术语是半音节语素、单音节语素和多音节语素,并且进一步以音节关系和发生语源为标准,对多音节语素进行了二次分类,分为:联绵语素、迭音语素、衍声语素、象声语素、译音语素5个次类。

从语素构词时位置是否固定的角度,一般把语素分为定位语素和不定位语素。从语素构词时是否担任词根的角度,一般把语素分为词根和词缀。

与意义有关的语素分类方法有两种,一是根据义项数的多少,分为单义语素和多义语素。二是根据语素义的"虚"或"实"来划分,如:张志公(1981)把语素分为:名素、动素、形素、半虚素、虚素5类,其中,名、动、形素合称为实素。实素、半虚素、虚素这种三分法是比较合理的,但张先生把词缀"第"、"老"等也归入半虚素的范围,值得商榷。周一农(1986)把语素分为实义语素、失义语素、虚义语素。这里的"失义语素"指的是在词中失落原义的语素,周先生用于判断"实义"和"虚义"时的依据是语素义,而对"失义"的判断则是根据词义,这里似乎也存在标准不一致的问题。

有学者认为语素有语法类别之分,可以把语素分为名词性语素、动词性语素、形容词性语素等等,另一些学者则认为不应对语素进行语法类别上的分类。关于这方面论争的内容,详见本书第二章第一节。

从语素的活动能力来考虑,研究者根据能否"单说"、"单用"、"独立成词"为语素进行了分类,关于此种分类的讨论最多,术语也最不统一。两分法采用的术语有:"自由语素/黏(粘)着语素"(吕叔湘,1962a;朱德熙,1982;赵元任,1968/2002);"成词语素/不成词语素"(朱德熙,1982;史有为,1987);"独立语素/不独立语素"(尹斌庸,1984);"可成词词素/非词词素"(葛本仪,2001)。有些学者提出的是三分法,如:"自由/半自由/不自由"(黄伯荣、廖序东,1979/1997;张志公,1981;徐枢,1990);"自由/半粘着/粘着"(杨锡彭,2003);"自由/半自由/黏着"(董秀芳,2004)。与二分法相比,三分法的情况要更为复杂,一是各位学者所定义的"半自由"或"半黏着"所指不同;二是有些三分法实际上运用的是能否单用和是否定位两重标准,进行了两次分类。关于这方面讨论的内容,详见本书第三章第二节。

  从语素的结合能力来考虑,吕叔湘(1979)认为语缀有能产和不能产之分,即"活和死的分别",能产生新词的语缀是活的,不能产生新词的语缀是死的。石安石(1993)根据语素的结合能力把语素分为"结合能力有限"和"结合能力无限"两类,前者最极端的情况是只有一种结合能力的,被称为"一用语素"。杨锡彭(2000)认为石安石所列举的一用语素中,有些结合指数并非为1,借此提出用"比照法"来鉴定语素的资格。张斌(2002)从语素组合成词的替换能力来看,把语素分为"可替换语素"和"不可替换语素",后者等同于剩余语素。

  还有些学者从构词还是构形的角度来为语素分类。宗世海(1997)在对"语素"说、"词素"说进行分析和评论的基础上,提出应在区分不同功能、种类的音义结合体概念的基础上选用不同的术语,即:语素=构词语素(词素)+构形语素(形素)。柯彼德(1992)首先根据语素的各种性质列出分类的7个标准:开放类/封闭类,自由/黏着,能产/不能产,能担任词根/不能担任词根,定位/不定位,带声调/带轻声,音节形式(单音、双音和多音),在7种标准的基础上，把语素分为基本语素、语助语素、构词语素和构形语素。

根据语素在词中的作用，俞敏(1984)把一些"弄得清楚"但在词中"不起作用"的语素称为"化石语素"，认为"国家"中的"家"、"动静"中的"静"等在词中已经失去了意义，是"化石语素"。"国家"、"动静"等词是一个"活语素"和一个"化石语素"的复合。张斌(2002)把语素分为"表义语素"和"别义语素"，别义语素在单词中不表示明确具体的意义，和俞敏所说的化石语素是一回事。

杨锡彭(2003)根据语素在构词以及独立成词时能否与另一语素、另一句法单位形成句法结构关系，能否成为语法结构的构成成分，把语素分为句法性语素和非句法性语素两大类。把构形语素、只在词法层面上活动的构词语素与句法性语素区别了开来。

（四）语素义和词义的关系研究

语素义与词义的关系复杂，最先对汉语语素义和词义关系问题进行系统研究的当属符淮青先生(1982)。从20世纪80年代至今，这方面的研究不断深入，研究成果十分丰富。从研究的理论基础来说，有的立足于词义学理论，有的则从语法构词的角度出发。从研究的手段上来说，早期的研究多建立在个案分析的基础上，这种定性式的研究有助于从宏观上把握词义和语素义的关系，自上而下地归纳大类的特点。近期的研究则越来越多地建立在量化分析的基础上，呈现出进一步细化的特点。关于这方面研究的具体情况，详见本书第四章第一节。

（五）对新语素、外来语素和新语素义的研究

20世纪80年代以后，新词语和外来词大量涌现，针对新词语、外来词的整理和研究工作进入了大发展的时期，在此基础上，对新语素和外来语素的研究突破了以往对语素系统的静态描写，推动语素研究向动态方向发展。

周洪波(1995)在《外来词译音成分的语素化》一文中提出了外来词音义成分语素化的简缩机制。苏新春(2003)从 16 部新词语词典中筛选出 876 条外来词,分析了记音汉字演化为音义兼表的语素字、复音外来词凝固为单音语素的过程,提出了"独立使用"、"重复构词"两条鉴定标准,认为外来单音语素的出现是汉语语素演变的结果。

刘晓梅(2003)在定量研究的基础上分析了新语素及语素新义的特点、产生方式等,认为新词语给汉语语素系统带来了影响:部分语素构词力有所调整;产生了少量新的语素、新的语素义,新的语素是音译外来词及直接引用英语词的结果,而新的语素义则是汉语词汇自身滋生的结果。

(六)语素构词研究

在语素构词能力研究方面,尹斌庸(1984)最先采用计量统计的方法来研究语素的"构词力"。符淮青(1983)是第一位提倡应把语素的结合能力[①]和意义结合起来研究的学者,他以语素"红"为例,对"红"在各个义项上的结合能力、结合方式进行了描写,在此基础上,对《现代汉语词典》义项概括和释义内容的编写提出了建议。姜自霞(2005)采用计量统计的方法来进行基于义项的语素构词研究,她以 43 个构词力强的名词性语素为对象,分析语素在不同义项上的构词能力和构词特点,总结了影响语素项在词中位置分布的主要因素和制约语素项构词能力的主要因素,并对词典编纂提出了一些建议。

在语素构词规律研究方面,肖晓晖(2004)从语义的角度探讨了汉语语素互相选择、互相结合成双音并列合成词的规律。符渝

[①] 语素的结合能力和构词能力不完全相等,构词能力是指语素能构成多少合成词,而结合能力还包括语素单用时与不同成分组合搭配的能力。

(2004)总结了偏正式双音合成词语素结合的语义规律。董秀芳(2004)在大规模语料库的基础上对汉语的词库与词法进行了深入研究,并基于半自由语素的存在,讨论了汉语词法与句法的关系。朱彦(2004)从语义的深层出发,挖掘复合词词素间的语义关系,力图描写和解释复合词构成的一系列语义过程。

(七)与语素有关的定量研究和数据库建设

张凯(1997)统计了汉语构词的基本字,结果是现代汉语3500个常用字能够组成7万个词,平均每个汉字能够合成20个词,他据此认为对外汉语教学没有发挥汉字构词能力强的优势。苑春法、黄昌宁(1998)对覆盖6763个汉字的汉语语素及其所构二字词、三字词及四字词进行了穷尽性的研究,建立了"汉语语素数据库",认为语素在构词时意义绝大多数保持不变,少数变化情况也是有规律可循。俞士汶、朱学锋、李峰(1999)为研究中文文本信息处理中未登录词的识别问题和现代汉语复合词的构造规律,开发了一个"现代汉语单音节语素库",作为《现代汉语语法信息词典》的补充。刘建军、赵学林、郑家恒(2001)建立了"字义知识库",分为"字义引申知识库"和"词义组合知识库"两个部分。

总的来说,从50年代至今,在汉语本体方面,语素研究从附属于词汇研究,到成为专门的研究领域;从词汇语法书中寥寥数语的介绍,到专章研究,再到《现代汉语词素研究》、《汉语语素论》这样的专著问世;从依靠经验、举例式的定性研究,到依靠数据库、穷尽式的定量定性分析;从把单个语素作为整体来研究,到基于语素义项的微观研究,汉语语素研究从无到有,从粗放到精细,不断向纵深方向发展。

二、对外汉语语素教学研究

近年来,语素在对外汉语词汇教学中的特殊作用逐渐为学界所认识。从理论研究上来看,90年代是语素教学法设想提出的阶段,盛炎在《语言教学原理》(1990)中提出了"语素法",认为大力提倡适合汉语特点的语素法,可以提高汉语词汇教学的效率,但并未谈及实施语素法的具体方法。吕文华(2000)指出"解决词语难的途径是建立语素教学",在对《汉语水平词汇等级大纲》(以下简称《大纲》)进行语素分析的基础上提出了建立语素教学的初步构想,探讨了语素的选择、教学方法、"字词表"的制定、注释和练习的设置等问题,并提出了语素教学的分级设想,但尚未解决在实际操作层面如何运用各种标准来为语素分级的问题。

进入21世纪之后,语素教学法越来越受到重视,从理论建设到具体的教学设计,研究成果日益丰富。在定量研究、实验研究的支持下,语素教学的思路也越来越清晰。

李开(2002)对《大纲》甲级词做了调查分析,探讨了语素教学与词汇教学设计的有关问题,但未对语素教学法进行全面讨论。肖贤彬(2002)以自身实践"语素法"的经验为基础,分析了"语素法"在对外汉语词汇教学中的优势和困难,对编写贯彻"语素法"理念的教材提出了几点设想,并讨论了"语素法"与猜词的关系。解永俊(2004)探讨了"语素教学法"适用的教学主体、教学客体、大纲的编制等问题,提出应进行面向语素教学法的语素研究和构词研究,并作了初步尝试。李如龙、吴茗(2005)认为对外汉语词汇教学应遵循区分频度原则和语素分析原则,应考察每一个构词语素所组成的合成词,理出每个语素的基本义、常用义,在此基础上编写教材、设计教学活动。邢红兵(2005)对《大纲》中双音词的语素按义项进行标注,建立了语素数据库,对语素的类型、独立成词能力、构词能力、语素多义性等属性进行统计和分析,认为汉语作为第二语言学习者的语素系统的形成可能会受到语素自身特点的影响,提出语素教学要有针对性。

还有些年轻学者从认知心理学、认知语言学的角度,用问卷测试、心理实验等新方法来研究语素教学,为语素教学法的实施提供了科学依据。冯丽萍(2002)的研究显示留学生已经具有一定的词汇结构意识和语素意识,语素表征和整词表征同时存在。郭胜春(2003)通过实验研究语素义在留学生词义获得中的作用,结果显示非汉字圈留学生在学习汉语满一年后,已初步具备通过构词语素义推测新词词义的意识,合成词的内部结构方式以及构词语素的显义程度能够影响词义的获得,但学习者"自悟"词义的能力是十分有限的。徐晓羽(2004)的实验研究显示初级水平的留学生已经初步具有语素意识,通过语素义来推知词义是他们理解新词的一个重要策略,词的结构类型、字形、字音、构词能力强弱、能否单用等性质以及留学生的母语背景、汉语水平等因素对留学生复合词的认知有一定的影响。陈俊羽(2007)通过实验验证了语素教学在对外汉语词汇教学中的作用。研究结果显示在语素分析法指导下的学生不仅更好地掌握了词的"音"、"义",而且还很好地掌握了词的"形",且长期进行语素学习的学生有较强的猜测词义的能力,在不同语境下凭借本源字识词辨义的能力比其他学生强。

在对外汉语教学界,还有"字本位"教学、字词直通等提法。李芳杰(1998)主张字词直通,字词同步教学,以达到加强汉字教学,促进词汇教学,全面提高对外汉语教学质量的目的。王若江(2000)介绍了法国人白乐桑编写的《汉语语言文字启蒙》,认为这部教材所主张的"字本位"思想值得深入思考。贾颖(2001)探讨了字本位与对外汉语词汇的关系,认为以字为本位进行词汇教学,才能帮助学生准确地把握和迅速地记忆词义。"字词同步"、"字本位"教学法,本质上强调的也正是汉字所承载的语素在教学中的作用。

第三节 研究的意义和方法

本书以语素项为单位,对语素的语法类别、构词频率、构词位置、单用频率、自由度、在合成词中的平均显义度等属性进行研究,在汉语本体研究和应用研究方面都具有十分重要的意义。

一、语言本体研究方面的意义

首先,从研究的出发点来看,以往汉语语素研究较为重视对语素的语法功能和构词能力进行分析,从语素义出发的研究较少;把语素作为整体来研究的多,分义项的语素研究较少。其次,从研究方法上来看,以往在语素研究方面较多地运用了定性分析的方法,定量和定性相结合的研究起步较晚,成果较少。"对一定量语素的研究仅限于描写,缺乏与意义的结合;与意义相结合的研究又仅限于举例性质,所以结合意义对一定数量的、特定类别的语素及其构词进行研究是深化语素构词研究的一个重要的新角度。"[①]符淮青(1983)、姜自霞(2005)等学者先后开展了基于义项的语素构词研究,但未涉及语素项在自由度等其他属性上的表现,并揭示这些属性与语素项构词能力之间的关系,在这一点上,本研究具有填补空白的意义。

在语素分类的问题上,有些学者已注意到多义语素在不同义项上往往会表现出不同的特征,以语素为单位进行分类总会遇到兼类的问题,因此在表述时特别强调自己所说的是"特定义项上的

---

① 姜自霞.基于义项的语素构词研究[D].北京:北京语言大学,2005.

语素"(石安石,1993)。在这种情况下,本书对于语素项属性的研究必然能够为语素分类提供更加清晰、直接的材料。尤其是依据活动能力对语素进行的分类,我们结合了语素项在实际语料中的单用频率和语素项构成合成词的频率两方面的数据来判断其自由度,第一次根据语素项在语言中的实际表现来进行自由与否的归类,并就语素项自由度和其构词能力、单用频率之间的关系进行了探索性的研究。

从频率研究的角度来看,早期的频率研究多局限于对表面频率[①]的研究,即某个词形或字形在语料中出现的频率,只计算形式的复现,而没有考虑到同一字形或词形掩盖下的多义问题。近年来,对于词的义频研究正在深入,厦门大学国家语言资源监测中心教育教材分中心承担了国家社科基金项目"基于国家语委'通用语料库'之上的汉语义频词库的开发"。北京语言大学的赵金铭、张博、程娟等(2003)在对大型语料库进行精细的词频和义频统计的基础上,重新着手进行词语的筛选和分级,提出了对《词汇大纲》进行修订的若干意见。以上都是基于词的义频研究,而分义项的语素构词频率研究则刚刚展开,本研究针对的正是这一薄弱领域。

二、语言应用研究方面的意义

(一)本研究在对外汉语教学方面的意义

在对外汉语教学界,围绕语素教学法展开的研究不少,但就目前的情况来看,语素教学仍然停留在零散的、举例式教学的层次上,尚未见到具体的、成熟的、能够系统运用到教材编写和教学实践中去的研究成果。如杨寄洲(2003)所言"语素教学的设想虽然

---

① 所谓表面频率,是指字或词作为一个整体出现的频率,即字频或词频。

早已提出,但在初级教学阶段还没有经过认真地实践,更不要说有成功的经验"①。实施语素教学法的目的是在词汇学习与汉字学习中间搭一座桥,遗憾的是,在实际操作层面,对外汉语教学界尚未建立合理的语素分级体系,单靠教师凭个人经验来实施语素教学,随意性很大,必然影响到教学效果。

吕文华(2000)曾就语素教学的步骤、操作和分级原则进行论述,但至今还没有人能拿出一个具体的分级方案。朱志平(2005)考察了《大纲》甲、乙、丙三级中一再出现的467个高频语素,得出的结论是:"百分之七十以上的高频语素是多义的……它说明,在第二语言词汇学习的最初阶段,遇到多义项语素是不可避免的。"②可见,要合理安排语素教学的顺序,我们不但要知道语素作为一个整体时的使用频率,更要知道多义语素在各个义项上的实际使用频率和学习难度。本研究正是以分义项的语素为单位,尝试根据各种属性值对语素项进行分类、分级,建立一个面向对外汉语教学的语素项属性库,这是实现对外汉语语素教学科学化、系统化的基础工作。

从《大纲》的情况来看,《汉语水平词汇与汉字等级大纲》是我国对外汉语教学总体设计、教材编写、课堂教学以及成绩测试的重要依据,但由于编写时尚无义频统计数据可供参考,在字词的分级和标注项目上存在一些不合理之处,尤其是在处理汉字等级的时候略显粗疏,采用以词定字的方法,突出的仅是汉字作为"书写符号"的作用,忽略了它的其他性质和规律,尤其是忽视了汉字所承载的语素义,没有考虑到与语素有关的频率和学习难度的问题。因此在课堂教学和教材编写等实践环节中,《汉字大纲》难以切实

---

① 杨寄洲. 编写初级汉语教材的几个问题[J]. 语言教学与研究,2003(4).
② 朱志平. 汉语双音复合词属性研究[M]. 北京:北京大学出版社,2005.

发挥它的指导性作用,汉字在教材中出现的顺序往往由语法点和生词来决定,不成系统,给学习造成困难。

目前,基于义频统计数据修订《词汇大纲》的工作正在进行,与之相比,学界对于《汉字大纲》的关注程度远远不够。汉字是语素的载体,汉字的学习除了字形,最主要的是汉字所承载的语素义的习得,从这个意义上来说,对语素项的构词频率、单用频率等属性进行研究,将有利于重新对汉字及其所承载的语素项进行筛选和分级,对于《汉字大纲》的修订有十分重要的意义。

(二)在词典编纂和中文信息处理方面的意义

在词典编纂方面,符淮青(1983)分析了语素"红"各义项的结合能力,认为通过这种描写,可以说明词典义项分析和概括、词义解释的合理性和不足之处。李红印(1999)比较了两部对外汉语学习词典对语素和词结合能力的说明,认为语素和词的结合能力分析,不仅有助于现代汉语详解性描写词典的编纂,对于对外汉语学习词典等用法词典的编纂也有指导意义。姜自霞(2005)认为,通过考察词素义和语素义的对应情况,有助于检查词典中的缺失义项、验证释义的准确性,对词典恰当地增减义项有帮助;研究语素入词后意义的变体形式,并对同类语素项进行对比研究,能为词典的义项分合提供建议;对语素在不同义项上构词情况的分析也能为对外汉语学习词典的编纂提供一定的帮助。本研究认为对语素项构词频率、单用频率和其他属性进行较为深入的调查,能够帮助我们补充新的语素义项,删除退出历史舞台的旧义项,调整义项在学习词典中的排列顺序。有助于在定量研究的基础上对义项的概念及义项划分标准进行再讨论。

在中文信息处理方面,深入研究语素项的构词情况具有三个方面的意义:"一是语言资源的建设;二是构词规律的统计和研究;

三是在识别和理解未登录词语的工程实践方面的应用"。① 相关的语素库或字义知识库已经有了一些,如:黄昌宁、苑春法(1998)的"汉语语素数据库",俞士汶、朱学锋、李峰(1999)的"现代汉语单音节语素库",刘建军、赵学林、郑家恒(2001)的"字义知识库"。但从目前能够查阅到的文献来看,在处理语素和词的关系时,有些数据库并未把语素在各义项上的构词频率作为数据库的字段,也没有收录语素在语料中的单用频率和所构成的高频词数等信息,本研究建立的数据库将是一个很好的补充。

三、本书所用的研究方法

本研究采用定性和定量相结合的方法,建立数据库,在计量统计的基础上分析语素项的各种属性,并对不同类型语素项的属性进行对比分析,总结归纳语素项的构词规律。最后依据优选法,对语素项进行筛选分级,建立教学用的语素项属性库,以便把研究结果直接运用于对外汉语教学实践。

四、本研究的创新之处

首先是研究方法和角度上的创新之处:突破了以往把语素作为一个整体来研究的局限,基于义项来研究语素。采用定性和定量相结合的方法,穷尽性地分析了这些语素所构的双音合成词。目前从这个角度来做的研究还比较少。

其次是概念界定上的创新性之处:把一个义项上的词界定为一个词项,一个义项上的语素界定为一个语素项。

再次是研究内容上的创新之处:找出了一些制约语素项构词

---

① 傅爱平.汉语信息处理中单字的构词方式与合成词的识别和理解[J].语言文字应用,2003(4).

能力的语义特征,并尝试研究了自由度问题和平均显义度问题,这些都是以往同类研究中尚未涉及的。

最后是研究成果上的创新之处:初步建立了语素项属性库,为语素教学、《汉字大纲》的修订提供参考,具有较高的应用价值。

第一章 语素项属性库的初步建构方案

第一节 语素项属性库的基本框架

一、研究范围

　　本书选取的研究对象为《现代汉语频率词典》(1986)中"汉字构词能力分析表"中构词数位居前列的素形(汉字),由于时间和精力所限,研究范围暂定为构词能力居前50位的素形(汉字)。这50个素形具有一定的代表性,从构词能力上来看,它们是最能产的;从使用频率上来看,在2005《中国语言生活状况报告》列出的"报纸、广播电视、网络用字总表"中,它们的使用频率都在前620名之内,应该都处于留学生最先接触、最常接触的素形范围内。我们先以这50个素形所覆盖的581个语素项为对象,建立数据库,进行探索性研究,为今后开展更大规模的研究打下基础。

二、数据库的初始框架①

语素项属性库中每个素形各有一张"素形—语素项对照表"、"语素项属性分析表"、"词、素关系分析表"②。其中,"语素项属性分析表"关注的是某个素形所对应的每个语素项的构词频率、单用频率③、自由度、平均显义度等属性。"词、素关系分析表"则穷尽式地收录了《现汉》中由该素形参与构成的双音合成词词项,我们在该表中把语素项和词项对应起来,并对语素项构词位置、素义与词义的关系等进行标注,以便为"语素项属性分析表"提供数据支持。

数据库的初始框架如下表所示:

表1-1 语素项属性库框架及字段设置

语素项属性库	素形—语素项对照表	ID自动编号	
		素形(汉字)	
		语素项序号	
		音项	指素形或词形所对应的一种发音,如:素形"色"有"sè"和"shǎi"两个音项,标注为1或2
		素义	以《现汉》释义为基本依据,并作适当调整
		素义色彩标注	1贬;2褒;3口;4方;5书
		语素项所对应的语素	以《现汉》分素法为基本依据,如《现汉》中对于"花1"、"花2"的区分
		在《现汉》中的义项序号	
		语素项确立过程	1依据《现汉》确立;2从所构词中归纳增补;3根据其他词典增补
		素形笔画数	
		素形载义量	一个素形所对应的所有语素项数

---

① 随着研究的深入,我们在初始框架的基础上又进行了扩充,最终形成一个对外汉语教学用的语素项属性库。

② 我们最后将各素形的"素形—语素项对照表"、"语素项属性分析表"合并形成了一张"素形—语素项对照总表"和"语素项属性分析总表",以便进行各素形之间的对比分析。

③ 其中构词频率为我们根据第一手资料统计得出,单用频率数据来源于厦门大学苏新春老师"汉语作为第二语言教材词语义项调查"课题组制作的"义项义频表",具体情况见第三章第一节。

续表

语素项属性分析表	ID自动编号	
	素形(汉字)	
	语素项序号	与"素形—语素项对照表"中相同
	语素项单用频次	具体情况见第三章第一节
	语素项的语法类别	名、动、形、数、量、代、副、介、连、助、叹、拟声、前缀、后缀(具体情况见第二章第一节)
	语素项构词数	指语素项在《现汉》中所构的双音合成词词项数,从"词、素关系分析表"中统计获取
	语素项自由度	A 只能构词；B 多用于构词；C 单用兼构词；D 多为单用；E 只能单用(具体情况见第三章第二节)
	语素项构成的高频词数	数据来源见第五章第三节
	素义包含的限定性要素	a～m,具体情况见第二章第二节
	是否本义语素项	1 本义；2 后起义
	居于前位构词数	从"词、素关系分析表"中统计获取
	居于后位构词数	从"词、素关系分析表"中统计获取
	重叠构词数	从"词、素关系分析表"中统计获取
	构词位置特点	1 单居前位；2 前位优势；3 位置自由；4 后位优势；5 单居后位
	在合成词中的平均显义度	具体情况见第四章第二节
	备注	
词、素关系分析表	ID自动编号	
	词目	根据《现汉》词目设立
	词项编号	
	词的色彩标注	1 贬；2 褒；3 口；4 方；5 书
	词的语法类别	名、动、形、数、量、代、副、介、连、助、叹、拟声、前缀、后缀
	词义	以《现汉》释义为基本依据
	词中所用的"目标语素项"	填"素形—语素项对照表"中的语素项序号,如词中素义不明晰,则填0
	词中所用的"异语素项"	找出"异语素项"在《现汉》中的对应序号
	语素义与词义关系	见第四章,若语素义词关系不明,则填0
	"目标语素项"显义类型	具体情况见第四章第一节
	"目标语素项"在词中的位置	1 居前；2 居后；3 叠用
	双音词的结构类型	0 无法判定；1 联合；2 偏正；3 述补；4 述宾；5 主谓；6 附加
	备注	

下面我们着重介绍语素项、词项条目的确定和"词、素关系分析表"中把语素项和词项对应起来的原则、步骤和方法。

第二节　语素项、词项的选取和调整

一、语素项的选取和调整

要研究语素项属性,我们必须有一个比较确定的语素项列表。符淮青(1983)认为通过描写语素在各个义项上的结合能力,可以说明词典义项分析和概括、词义解释的合理性和不足之处,实际情况确实如此。本书的研究立足于共时平面,属性库中语素项的确定主要依据《现代汉语词典》(第5版)(简称《现汉》)中单字条目下所列的义项。但在研究过程中,我们发现,《现汉》个别义项所指并不明确,有些释义内容不太准确,还存在漏收义项的问题,我们做了以下几个方面的工作来解决这些问题:

(一)明确素义所指

1.在研究过程中,我们发现《现汉》在释义上存在一些问题,有些释词本身是多义的,而《现汉》用这些释词来解释语素义时并未指明用了释词的哪个义项,由此造成语素义所指不明确,甚至造成词典漏收了一些语素义项。这就需要我们根据语素分析的结果明确素义所指,并增补一些义项。如:《现汉》中,"意"的释义如下:

【意】❶意思:本～|来～|词不达～。❷心愿;愿望:中～|任～|满～。❸意料;料想:～外|出其不～。

我们注意到,"意❶"的释词为"意思",但《现汉》中,"意思"一词共有6个义项,分别为:

第一章
语素项属性库的初步建构方案

【意思】❶ 名 语言文字等的意义；思想内容。❷ 名 意见；愿望。❸ 名 指礼品所代表的心意。❹ 动 指表示一点心意。❺ 名 某种趋势或苗头。❻ 名 情趣；趣味。

从"意❶"的语段例来看，编者所用的释词"意思"应指"意思❶"，表面上看来这只是漏标释词义项序号的小问题，实际上却可能是导致词典漏收其他语素义项的原因之一。编者主观上认为"意❶"只指"意思❶"，但实际上，在"意境"、"意蕴"、"意趣"、"意兴"、"诗意"、"雅意❶❷"等词中，"意"的语素义与"意思❶"相去甚远，却与"意思❻"相符合；在"醉意"、"寒意"、"雨意"、"酒意"、"凉意"、"睡意"等词中，"意"表示的是某种感觉、趋势或苗头，与"意思❺"相符。可见，作为语素，"意"还应具有"意思❺"、"意思❻"的义项。《现汉》编者没有指明"意❶"所对应的是"意思"一词的哪个义项，且"意❶"的语段例又全部指向"意思❶"，这很可能是词典漏收了"情趣；趣味"、"某种趋势或苗头"两个语素义的原因。因此，在本研究的"素形—语素项对照表"中，我们将"意❶"的所指明确为："意思❶"，并为语素"意"增补了两个语素项。

2.《现汉》的互见系统在多义词处理上也存在一些问题，导致素义所指不明。针对这种情况，我们应根据语素实际运用的情况，明确素义所指。如：

【分¹】fèn❹ 同"份"。

【份】❶ 整体里的一部分。❷（～儿）量 a)用于搭配成组的东西。b)用于报刊、文件等。❸ 用在"省、县、年、月"后面，表示划分的单位。

作为"分¹(fèn)❹"的互见条目，"份"自身有 3 个义项，在这种情况下，"分¹(fèn)❹"的素义是不明确的。我们分析了《现汉》中由"分"所构的全部双音合成词，结果是"分¹(fèn)❹"共构成 4 个词项,只用到了和"份❶"相同的语素义。我们又调取了"分"在各义项上单独成词时的频率数据,发现"分"单用时无一与"份"同义。也就是说在语言的实际运用中,"分¹(fèn)❹"只可能有"份❶"的意思,因此,我们把"分¹(fèn)❹"的意义所指明确为"份❶"。

(二)修改部分释义内容

1.在把素义和词义对应起来研究的过程中,我们发现,《现汉》中极个别释义出现了比较明显的差错,必须更正后才能入库。如:

【地】dì❼ 名 地方(dìfāng)①:军~两用人才。

【地方】dìfāng 名 ❶中央下属的各级行政区划的统称(跟"中央"相对)。❷军队指军队以外的部门、团体等。❸本地;当地。

对照释词"地方"的各义项,结合例句来看,"地(dì)❼"指的应该是"地方❷",而非"地方❶"。

2.个别义项在释义归纳上不够准确,我们进行词义素义对照分析之后,对释义内容进行了部分修改。如:

【生】⁴ 某些副词的后缀,如"好生、怎生"等。

在分析了由"生"所构的全部双音合成词之后,我们认为"生"作为后缀不仅能构成副词,还能构成"安生❶❷"、"嫩生❶❷"、"脆生❶❷"等形容词项,因此,我们把这一语素项的释义内容修改为"某些副词或形容词的后缀"。

(三)语素项的增补

属性库中语素项的确定主要依据《现汉》,但是在逐条分析词、素关系的时候,我们发现,如果仅根据《现汉》列出的字义,有一小部分合成词无法找到与之相对应的语素义,为了如实地反映语素项和词项的对应关系,本研究中根据实际情况增收了少量语素项。

关于辞书义项划分的讨论有很多,符淮青(1985)曾指出"语素共义和语素变义有同有异,如果这个异很明显,而且有规律地出现在多个词中,则就有可能考虑单独立一个义项。"汪耀南(1982)认为"一个词,只要它表示了不同的概念(有意义联系的),在一个语义范畴下具有明显的质的差别的语义,都应当概括与区分义项"。杨润陆(2004)曾提出比喻用法转化为比喻义的必要条件,"一是要具有较高的构词频率;二是要形成较强的专指义"比喻用法是一种临时用法,比喻义则是比较固定的义项。胡明扬(1982)等认为"义项在多义词的整个词义系统内部是相对独立的,但是义项之间又有联系,因此原则上应当在意义联系最薄弱的地方划分义项",苏宝荣(2000)把这种方法称为"断层区分法",认为"断层区分法"和"频率统计法"是义位(义项)划分的两种基本方法,我们在增补语素项时也参照了这些条件和方法。

具体说来,我们增收的语素项可以分为以下三种情况:

1.某个词义在《现汉》中找不到可与之对应的语素义,但与《汉语大字典》中该字头下的某个义项能对上号,这种情况下,我们根据词义分析的结果,把《汉语大字典》中的这个义项增收入数据库。比如,我们为"气"、"一"增加的3个语素项就属于这种情况。

素形"气"在《现汉》中的全部义项如下:

【气】❶ 名 气体。❷ 名 特指空气。❸ 名 气息①。❹指自然界冷热阴晴等现象。❺气味①。❻人的精神状态。❼气势。❽人的作风习气。❾ 动 生气;发怒。❿ 动 使人生气。⓫欺负;欺压。⓬ 名 中医指人体内能使各器官正常发挥功能的原动力。⓭中医指某种病象。

在"气"参与构成的词中,"手气"、"财气"、"丧气(sàng·qi)"、"时气❶"、"运气[2]❶❷"、"福气"、"霉气❶"、"晦气❶"等词中的"气"在《现汉》字头下找不到对应的义项,但若采用《汉语大字典》中该字头下的"氣⓴"(旧指气数;命运)就能解释得通,因此,我们在数据库中为素形"气"补充了相应的语素项。

在"气"参与构成的词中,还有"外气"、"老气❶❷"、"爽气❷"、"俗气"、"文气"(wén·qi)、"闷气"(mēnqì)、"秀气"❶❷❸、"美气"、"傻气❶❷"、"稚气"、"牛气"、"虎气"、"女气"、"贫气²"等词,观察这些词,"气"大部分轻读,且无法用《现汉》中"气"的任何一个字头义来解释,然而《汉语大字典》中为"气"列出的一个义项为"氣㉒"(后缀。用在形容词后,相当于"样子"),如果采用这个义项,上述词中语素义和词义的关系就比较明朗了,但我们也注意到,"牛气"、"虎气"等词中的"牛"和"虎"并非形容词性,而是代表某种概括性特征的名词性语素项,由此可见,"气"不都是用在形容词后的,而是用作形容词词尾,我们在把这一语素项收入数据库时做了相应的修改。

再如,"一"在《现汉》中的全部义项如下:

【一¹】❶ 数 最小的正整数。❷ 数 表示同一。❸ 数 表示另一。❹ 数 表示整个;全。❺ 表示专一。❻ 数 表示动作是一次,或表示动作是短暂的,或表示动作是试试的。❼ 数 用在动词或动量词前面,表示先做某个动作(下文说明动作结果)。❽ 数 与"就"配合,表示两个动作紧接着发生。❾ 一旦;一经。❿〈书〉助 用在某些词前加强语气。

【一²】名 我国民族音乐音阶上的一级,乐谱上用作记音符号,相当于简谱的"7"。

实际情况是:在素形"一"参与构成的词中,"一如"、"一并"、"一任"、"一空"等词中"一"的意思和"一¹❹"比较接近,然而从语法类别和词典所给的用例来看,"一¹❹"主要用于修饰名词,表示"完整"之义,跟上述四个词中"一"所表示的意思并不完全符合,但如果我们采纳《汉语大字典》中列出的义项"一⓱"(副词。1.都;一概),把这些词中的"一"当成副词性语素项就说得通了,我们据此为素形"一"补充了相应的语素项。

2.某个词义在《现汉》、《汉语大字典》中都找不到对应的语素义,但词义分析的结果支持我们列出一个新义,该新义与其他义项区别明显,而且有规律地出现在一些词中,符合"断层区分法"和"频率统计法"的要求,我们也把与这个新义所对应的语素项增收入数据库中。

词典在收录字目、词目和字词义项时往往在一定程度上存在着滞后现象,我们在分析语素义和词义关系的过程中发现:有些词中语素的意义既和《现汉》的字头义对不上号,也无法在《汉语大字典》中找到依据,但是这个意义与其他义项区别明显,且有规律地出现在多个词中,在这种情况下,我们也将其所对应的语素项纳入数据库中。例如,我们为"子"和"头"增收的语素项就属于此类。

"子"在《现汉》中的释义情况如下:

【子¹】zǐ ❶古代指儿女,现在专指儿子。❷指人。❸古代特指有学问的男人,是男人的美称。❹古代指你。❺古代图书四部分类法(经史子集)中的第三类。❻名 种子。❼名 卵。❽幼小的;小的;嫩的。比喻派生的、附属的。❿名 小而坚硬的块状物或粒状物。⓫名 铜子儿;铜圆。⓬量 用于能用手指掐住的一束细长的东西。

【子²】zǐ 封建五等爵位的第四等。

【子³】zǐ 名 地支的第一位。

【子⁴】zi ❶名词后缀。a)加在名词性词素后。b)加在形容词或动词性词素后。❷某些量词后缀。

我们在逐条分析由"子"参与构成的词时,发现"分子(fēnzǐ)❷"、"超子"、"电子"、"介子"、"光子"、"离子"、"质子"、"中子"、"重子"、"原子"、"粒子(lìzǐ)"等词中的"子"找不到对应的素义,只是和

"子¹⓾"的部分特征相吻合。"原子"、"分子"等词是科学技术发展的产物,在这些词中"子"所代表的已经不再是肉眼可见的块状、粒状的细小物件,而是微观世界中客观存在的某种极小微粒或某些物理量的最小单位。"子"的这个意义有规律地出现在物理学科的一些词汇中,构词能力比较强,而且与"子"的其他素义区别比较明显,具有专指性,把这个义项单列出来,也有助于明确语文性素义和百科性素义的界限。因此,我们不把它当作"子¹⓾"的素义变体,而是另立义项,把"子"(某种极小微粒或某些物理量的最小单位)作为"子"的一个语素项增收到数据库中。

再如"头"在《现汉》中的义项如下:

【头】tóu❶名人身最上部或动物最前部长着口、鼻、眼等器官的部分。❷名指头发或所留头发的样式。❸名物体的顶端或末梢。❹名事情的起点或终点。❺名物品的残余部分。❻名头目。❼名方面。❽第一。领头的;次序居先的。❿形用在数量词前面,表示次序在前的。⓫〈方〉形用在"年"或"天"前面,表示时间在先的。⓬介临;接近。⓭量 a)用于动物(多指家畜)。b)用于蒜。

【头】·tou①❶名词后缀。a)接于名词性词根。b)接于动词词根 c)接于形容词词根。❷方位词后缀。

逐条分析语素义和词义关系时,我们注意到:"嘴头"、"心头"、"案头❶❷"、"肩头❶"、"街头"、"墙头❶"、"口头❶❷"、"手头❶❷❸"等词中"头"的注音都为 tou,但是跟语素"头(tóu)"的义项全然对不上号。我们也不能认为这些词中的"头"是词缀"头(·tou)",原因有两个:首先,这些词中的"头"都不是轻声,其次,虽然这些词

---

① 根据《现汉》凡例的说明,《现汉》条目中的轻声字,注音不标调号,但在注音前加圆点。

的第一个语素都是名词性的,但与"头(·tou)"作为词缀接于名词性词根的情况不同,这些词中"头"是有实际意义的,尽管这个意义可能不太明显。比较一下《现汉》中"心头"、"案头"、"肩头"等词和"石头"、"骨头"、"舌头"等词的读音和释义①,便可体会到两组词中"头"字意义的不同:

A 组

【心头】xīntóu 名 心上;心里。

【案头】àntóu 名 ❶几案上或书桌上。

【肩头】jiāntóu 名 ❶肩膀上。

B 组

【石头】shí·tou 名 石①

【骨头】gǔ·tou 名 ❶人和脊椎动物体内支持身体、保护内脏的坚硬组织,主要成分是碳酸钙和磷酸钙。根据形状的不同,分为长骨、短骨、扁骨等。

【舌头】shé·tou 名 ❶辨别滋味、帮助咀嚼和发音的器官,在口腔底部,根部固定在口腔底商。

【骨】❶ 名 骨头(gǔ·tou)①。

【舌】❶ 名 舌头。

比较 A、B 两组词,从读音的角度来说,B 组中"头"都是轻声字,而 A 组则不轻读。从词义角度的来说,B 组中"石头"="石","骨头"="骨","舌头"="舌",但是 A 组中"心头"≠"心";"案头"≠"案";"肩头"≠"肩"。A 组的前一个名词性语素加上"头"之后,词义中都增加了一个表示空间的语义特征——"上"、"里"或"间",这说明 A 组的"头"字有实际意义,而且这个意义有规律地出现在

---

① 为了便于说明,此处只比较这些词的原义。

一些词中。因此,我们在数据库中给素形"头"增加了一个语素项"头(tóu)"(上、里、间,表示在一定的空间范围内)。

3.我们把由"意义支点义"演变而来的语素新义所对应的语素项也收入数据库中。

王艾录、司富珍(2001)曾指出:"有的复合词(AB)的首语素(A),并未使用词典上列出的或者没有列出的某一义项,而是使用了以该语素为构成成员的另外一个复合词(AX)的词义,此时A成为AX的'意义支点',即:AB=AX+B。……'意义支点'语素所表示的不是自身的语素义,而是另外的某个复合词的词义,所以认识它要比认识通常的语素义困难得多……意义支点义和通常语素义的一个明显不同是,通常语素义具有普遍性,即一个语素义可构造成许许多多的复合词……但意义支点义多数是孤例,谈不上普遍性。"①

如此看来,王艾录、司富珍认为"意义支点义"和"语素义"之间的区别就在于"普遍性",也就是使用频率的不同。我们认为,既然二者只有使用频率上的区别,如果一个语素作为"意义支点"时能产性较强,构成了一定数量的词,那么这个"意义支点义"和所谓的"语素义"之间也就不存在区别了,被反复使用的"意义支点义"应被吸收成为新的语素义。实际上,《现汉》中有些字头义正是这样来的,如:"电❹"(电报)就是一个典型的例子。遗憾的是,由于词义、语素义方面的统计工作还相对落后,辞书收录此类语素新义的数量较少,漏收的情况较多。

我们在逐条分析词义的时候,注意到某些"意义支点义"反复出现,应该具有被列为语素义的资格。如:"打",构成了"打非"、

---

① 王艾录,司富珍.汉语的语词理据[M].北京:商务印书馆,2001.

"打拐"、"打黑"、"打假"、"打扒"、"打私"、"严打"等词,各词条释义如下:

【打非】动 指打击制作、出售非法出版物的违法行为。
　　　　　　AX　　　　　AY

【打拐】动 指打击拐卖人口的犯罪活动。

【打黑】动 指打击具有黑社会性质的犯罪团伙。

【打假】动 指打击制造、出售假冒伪劣商品等违法行为。

【打扒】动 指打击扒窃财物的犯罪活动。

【打私】动 指打击走私、贩私的违法活动。

【严打】动 ❶严厉打击。❷特指严厉打击刑事犯罪活动。

这些词大部分是《现汉》(第5版)新收的词目,是缩略法造词的产物,我们观察以上各词的词义,释义方法比较统一,可以概括为 AB=AX+AY 型,其中 AX 部分很整齐地用了"打击"这个"意义支点义",说明"打"的这个"意义支点义"使用频率较高,类推性较好。我们甚至可以预测,将来可能还有一些丑恶现象会成为"打击"的对象,从而造出一批新词。《现汉》中收录了一批这样的缩略词,却没有把它们用到的"意义支点义"列入字头义,这反映出目前辞书编纂中对新词、新词义的关注程度大于对新语素义的关注程度。我们认为,该"意义支点义"在一批词中有规律地出现,已经突破了所谓"普遍性"的束缚,具有被列为语素义的资格。但必须注意的是:"打击"这个词本身也是个多义词,我们在确定语素项时,应该明确所指的是哪个意义。《现汉》中"打击"词条释义如下:

【打击】动 ❶敲打;撞击。❷攻击;使受挫折。

在"打非"、"严打"等词的释义中,"打击"显然应该取义项❷,但是作为一个词在句中运用时,"打击"所带的宾语既可以是积极的事物或现象也可以是消极不良的事物或现象,如:打击大家的积极性、打击犯罪等等;而作为释词用于解释"打非"、"打拐"、"打黑"等词时,"打击"的对象只能是不良的事物或现象。因此,在描写"打"的这个新语素义时,还要指明其搭配对象上受到的限制,因此我们这样来表述:"打"[打击(不良事物或现象)]。

根据以上三种情况,我们一共增收了17个语素项,如下表所示:

表1-2 增收的17个语素项

新语素项	音项	对应的语素	增收的义项	例词
子❼	zǐ	子¹	某种极小微粒或某些物理量的最小单位	电子
一⓬	yī	一¹	都;一概	一任
头⓰	tóu	头	上、里、间,表示在一定的空间范围内	肩头❶
气⓮	qì	气	气数;命运	财气
气⓯	qì	气	后缀,形容词词尾,"……气"相当于"……的样子"	俗气
地⓯	dì	地	位于地下的	地宫
地⓰	dì	地	后缀,代词或副词词尾	蓦地
手❽	shǒu	手	用在表示方位的词后,表示地点,相当于"边"、"面"	上手
上㉘	shàng	上¹	表示时间	春上
上㉙	shàng	上²	产生;形成	上冻
打㉗	dǎ	打¹	注入;扎入	打气
打㉘	dǎ	打¹	产生;发生;呈现某种状态	打滑
打㉙	dǎ	打¹	打击②	打非
口⓬	kǒu	口	口头的	口译
意❹	yì	意	意味;情趣;意境	诗意
意❺	yì	意	某种感觉、趋势或苗头	醉意
然❺	rán	然	应允①	然诺

---

① 该义项来自《汉语大字典》,在《现汉》中只构"然诺"1个词,增收该义项是出于分析语素义与词义关系的需要。

(四)对于字形相同、意义相同、读音不同情况的处理

字形相同、意义相同、读音不同的情况,应作一个语素还是两个语素,这是一个问题。史有为(1987)通过语音的比较、语义的比较、位置的比较来确定语素的同一性。尹斌庸(1984)的操作方法是"读音和意义两者完全相同的,原则上作为一个语素"①,但遇到读音不同、意义相同、汉字写法相同的情况,如:"剥"(bāo,剥花生;bō,剥削),则作为同一个语素来处理。杨锡彭(2003)认为"往"(wǎng)❷[动向(某处去)]跟介词"往"(wàng)之间有直接的意义发展关系,后者是前者语法化的结果,因此应合并为一个语素。

但在我们的数据库中,字形相同、意义相同、读音不同的情况,分作不同的语素项来处理。这是因为:字形相同、意义相同、读音不同的情况下,语素在组合能力、语法类别等方面也可能存在差异,如果把它们合并为一个语素项,这些差异就无法体现。

(五)排除非语素的成分

我们收录语素项依据的是《现汉》中的字头义,但《现汉》字头下还收录了个别字的非语素用法,应把这些非语素单位排除在本研究的范围之外。

如:《现汉》为"无(mó)"单立了一个字目:

【无】mó 见 974 页[南无](nāmó)。

"南无"是从梵语"namas"音译而来的,是一个单纯词,"无"在这个词中是一个非语素字,我们认为"无(mó)"是一个非语素成分,因此数据库中不把它作为语素项收录。

另外,我们还排除了语素作为姓氏使用的情况。这样,经过增删调整,我们所建的语素项属性库一共收录了 50 个素形的

---

① 尹斌庸. 汉语语素的定量研究[J]. 中国语文,1984(5).

581个语素项。

二、词项的选取和调整

通过"词、素关系分析表"来分析语素项和词项的关系,是我们建立数据库和研究顺利进行的基础,上文中,我们讨论了确定语素项的步骤和方法,下面我们介绍一下属性库中收录词项的范围、步骤和方法。

(一)只收双音合成词

现代汉语双音节词占优势,周荐(2004)曾经做过统计,《现汉》(1996年修订本)共收条目(不计异体形式)58481个,其中双字组合单位收有39548个,约占词典收条总数的67.63%,由此证明双字组合是现代汉语词汇中的强势组合。在这39548个双字组合中,又有98.685%为合成词[①],因此,我们研究语素项构成双音合成词的情况,具有典型意义,能够反映语素项构词的总体面貌。另一方面,双音词的能产性也是比较强的,《现汉》(第5版)中既收了"人造",又收了"人造地球卫星"、"人造革"、"人造石油"、"人造土"、"人造卫星"、"人造纤维"、"人造行星"等7个词,如果把它们都收入"词、素关系分析表","人"所对应的语素项就会被重复计算8次,影响结果的准确性。出于以上两方面的考虑,我们把"词、素关系分析表"的收词范围圈定在《现汉》(第5版)所收的双音合成词范围内,并做了以下调整:

  1.排除单纯词,包括联绵词和音译的外来词等,如:"闻人"(复姓)、"大野"(复姓)、"南无(mó)"(梵 namas)、"流明"(英 lumen)、"法老"(希腊 pharaoh)、"犹大"(希腊 'Ioúdas)等词。

---

 ① 周荐.汉语词汇结构论[M].上海:上海辞书出版社,2004.

2.排除儿化的单音节词,如:"地儿","小儿"等等。

3.《现汉》收录了部分常用固定结构,如:在字头"有"下收录了"有……无……"这样一个词目,严格意义上来说,"有……无……"不能算词,只是一个固定结构,因此本数据库中不收录。

(二)以词项为单位

汉语中许多词有多个词项,有时一个词的多个词项是由不同的语素项构成的,因此,我们对于词、素关系的探讨必须以词项和语素项为单位,"词、素关系分析表"把同一个词形对应的不同词项分作不同的记录来处理。具体情况如下:

1.多义词的多个词项分别列为多条记录,如:

【一流】❶ 名 同一类;一类。❷ 形 第一等。

在"词、素关系分析表"中分列为2条记录来分析。

2.同音同形词分别列为多条记录,如:

【大作】¹ 名 敬辞,称对方的著作。

【大作】² 动 猛烈发作或发生。

在《词、素关系分析表》中分别列为2条记录来分析。

3.异音同形词也分列条目,如:

【发行】fāháng 动 批发。

【发行】fāxíng 动 发出新印制的货币、债券或新出版的书刊、新制作的电影等。

在"词、素关系分析表"中分别列为2条记录来分析。

(三)词项的增补

我们在属性库中基本依据《现汉》的义项来划分词项,但在个别情况下,必须增补一些词项。

1.有的词在《现汉》中只有一个义项,但它的释词是多义词,这种情况下,被释词应该作为多义词来处理,分列多条记录,如:

【下边】 名 方位词。下面。

【下面】 名 方位词。❶位置较低的地方。❷次序靠后的部分。❸指下级。

"下面"是"下边"的释词,但它一共有 3 个义项,在这三个义项上,"下边"都可以和"下面"换用。所以,我们在处理"下边"这个词的时候,不能简单地将其视为单义词,而是应该列出 3 个词项,分作 3 条记录入库。

2.有的词在《现汉》中只有一个义项,但我们在分析词、素关系时发现,该义项中包含了两个层次,分别用到了两个语素义,为了便于统计,我们也将其视为多义词来处理,分列 2 条记录,如:

【秀色】 名 美好的景色或容貌。

其中语素"色"在《现汉》中的义项有:

【色】sè❶颜色。❷脸上表现的神情;神色。❸种类。❹情景;景象。❺物品的质量。❻指妇女美貌。❼指情欲。

《现汉》中虽然只为"秀色"一词列了一个义项,但分析词、素关系的时候,我们看到这个词分别用到了"色❹"和"色❻"两个语素义,且这两个语素义既没有共同的上位义项,又不能通过"色"的其他任何一个义项来统括。这种情况下,我们认为"秀色"一词有 2 个词项,作为 2 条记录入库。

这样处理以后,全库 50 个素形,每个素形各自对应的词项记录加起来共有 12083[①] 条。

---

① 由于我们的"词、素关系分析表"每个素形一表,有些词的两个素形都在我们研究的范围内,12083 中有个别条目是重复计算的。

第三节　判断词项、语素项对应关系的几个原则

建立"词、素关系分析表"的一项重要工作就是要把词项和语素项对应起来,有些词的词义和语素义对应关系一目了然,我们能比较轻松地判断出构成词项的语素项,如:词项"白费"(徒然耗费),显然用到了语素项"白¹❺"(没有效果;徒然)和"费❷"(花费;耗费)。

但从语素义与词义的关系来说,语素义直接地、完全地表示词义的情况毕竟不占多数,要判定词中所用的语素项,还需要下一番功夫。本书在判断词项与语素项的对应关系时,主要遵循以下几个原则:

一、立足于共时平面来选择语素项

词义总是处在不断的发展变化中,语素义也同样存在新旧更迭的变化,现代汉语中的语素,在古代汉语中大部分是能够独立运用的单音节词,在历史发展的长河中,有些语素义已经退出舞台,有些则延用到了今天。语素新义的产生有两条途径,一条是"由素到素",由语素义自身通过相关或相似引申滋生出语素新义,如:"山"的本义是"地面上由土、石形成的高耸的部分",通过"形似"的纽带,引申出新义"形状像山的东西";另一条途径则是"由词到素",一个语素与其他语素结合成某个词,语素在词中的临时义凝固下来,在相似结构中反复使用,成为一个语素新义。如:"花"在"校花"、"班花"、"系花"等词中指年轻漂亮的女子,《现汉》中就把它作为一个语素新义收录了。现代汉语中由缩略造词法造出的词

数量很多,某一语素作为"意义支点"的使用频率较高,久而久之,这个"意义支点义"就成了新的语素义,如:"电文"、"密电❶"、"贺电"、"函电"、"唁电"、"来电❶❷"、"急电❷"、"电码❶❷"、"发电❷""回电❶❷"、"通电²❶❷"等词中,用到的都是语素"电"参与构成的"电报"一词的词义,这个"意义支点义"使用频率很高,被《现汉》作为"电"的语素新义收录。

语素义有个发展变化的过程,新的语素义与固有语素义之间,往往有着或多或少的联系,因此,我们判断词项所对应的语素项时,常常会遇到两可的情况。如:对于词项"电文"而言,如果说与之相对应的语素项是"电❶"(有电荷存在和电荷变化的现象)当然没有错,但语素项"电❹"(电报)离"电文"的词义要更近一些。再如,苏宝荣(1999)分析语素义和词义关系时曾指出,"脸面"一词有两个义项,其中"'情面'义似乎与语素'脸'和'面'的意义相去甚远。其实,无论是作为语素的'脸'和'面',还是复合词'脸面'在引申中都产生了'情面'义,复合词的词义与语素义是一致的。如果硬要用语素的本义(或基本意义)说解复合词的引申义,那当然行不通。"

本研究立足于共时平面,在语素项选择方面,以《现汉》已收的字头义为基本依据,判定词项所对应的语素项时,在本义语素项和引申义语素项两可的情况下,取离词义较近的引申义语素项。如:词项"恼火"(生气),其中语素"火"可以认为是用了本义语素项"火❶"(物体燃烧时所发出的光和焰)通过相似引申得出"生气发怒"的意思,也可以认为是用了引申义语素项"火❼"(比喻发怒)。既然《现汉》中已经收录了与"恼火"词义更接近的"火❼",在分析词项和语素项关系时,我们就判定与词项"恼火"相对应的语素项为"火❼"。

二、兼顾两个语素的情况

我们在判定词中所用语素项的时候立足于共时平面,但是,在有些双音词中,构词的两个语素在意义发展上是不同步的,这就要求我们综合考虑两个语素的情况,选择合适的语素项。

如:语素"产"和"生[1]"在《现汉》中的义项设置如下:

【产】❶[动]人或动物的幼体从母体中分离出来。❷创造物质财富或精神财富;生产。❸[动]出产。❹物产;产品。❺产业。

【生[1]】❶[动]生育;出生。❷[动]生长。❸生存;活(跟"死"相对)。❹生计。❺生命。❻生平。❼具有生命力的;活的。❽[动]产生;发生。❾[动]使柴、煤等燃烧。

《说文》中写道"生,进也。象艸木生出土上",又说"产,生也。从生,彦省声",可见"产"和"生"意义发展的起点差不多。但在发展的过程中,两个语素在意义上逐渐有了不同分工,作为构词语素,"生"更加活跃,所指范围更广,衍生出的语素义也更多。

再看"产生"是一个并列结构的合成词,它在现汉中的释义如下:

【产生】[动]由已有事物中生出新的事物;出现。

我们在分析词项"产生"所对应的语素项时,注意到"生[1]"已衍生出"产生;发生"这一义项,但是"产"却没有衍生出类似的义项,如果我们认定"产生"一词中"生"的意义为"产生;发生",那么"产"的意义就不好判断了。在这种情况下,我们应该兼顾两个语素的情况,分别取它们的本义语素项,即取"生[1]❶"和"产❶"作为"产生"所对应的语素项,认为这两个语素项结合之后整体引申出了"产生"一词的词义。

三、尽量保持词项和语素项的唯一对应关系

这里所说的"唯一对应关系"指的是每个词项只对应目标语素的一个语素项,这样做有利于我们进行统计分析。在辨别词项和

语素项对应关系的过程中,我们注意到,按照库中所收录的语素项和我们立足于共时平面、兼顾两个语素的取舍原则来操作,大部分情况下都能做到一个词项对应一个语素项,保持了很好的唯一性,但我们在分析一小部分(77个)词项时遇到了难题,按照《现汉》的释义,这部分词项和语素项之间可能会存在一对多的关系,从而使我们在统计语素项的构词数时遇到麻烦。对于这部分词项,我们进行了有针对性的处理。

这77个词项可以分为三种类型:

第一,包含型:一个词义涉及了多个素义,但其中有一个素义是其他素义的上位义项,这种情况下,我们只取这个上位义项所对应的语素项。

如:"样机"一词在《现汉》中释义如下:

【样机】试制出来作为样品的机器、飞机等。

其中,语素"机"在《现汉》中的义项有:

【机】❶机器。❷飞机。❸事情变化的枢纽;有重要关系的环节。❹机会;时机。❺生活机能。❻重要的事务。❼心思;念头。❽能迅速适应事物的变化的;灵活的。

如果我们把"机❶"、"机❷"都判定为"样机"一词所对应的语素项,就违背了唯一性原则。再看"样机"一词的释义,"飞机"是"机器"的下位词,语素项"机❶"的所指范围包含了"机❷",因此我们只取"机❶"作为与"样机"一词相对应的语素项。

第二,并列型:词义所涉及的多个素义呈现出"并列"的状态,在《现汉》中常用"……或……"的格式来解释这类词,根据具体情况的不同,对于"并列"型词项,我们采用两种不同的处理方法:

其一,词义所涉及的多个素义有一个共同的上位义项,或者这些素义都是由一个所指范围较宽,适用范围较广的"母义项"衍生

出来的,我们只取该上位义项或"母义项"所对应的语素项,如:"外来"一词在《现汉》中的释义如下:

【外来】形 属性词。从外地或外国来的;非固有的。

其中语素"外¹"在《现汉》中的义项有:

【外¹】❶ 名 方位词。外边(跟"内、里"相对)。❷指自己所在地以外的。❸外国;外国的。❹称母亲、姐妹或女儿方面的亲戚。❺关系疏远的。❻另外。❼ 名 方位词。以外。❽非正式的;非正规的。

如果我们依据"外来"一词的释义内容来选择其中"外"所对应的语素项,就会发现"外¹❷""外¹❸"都选上,才能与"外来"的词义完整对应,但是这样就违背了"唯一性"原则。实际上,"指自己所在地以外的"和"外国"这两个素义都是在"外¹❶"的基础上引申而来的,"外¹❶"的适用范围较广,因此我们判定与词项"外来"相对应的语素项为"外¹❶"。类似的情况还存在于"排外"、"外嫁"、"外逃"、"外销"、"仇外"、"外派"、"外流"等词中。

其二,词义所涉及的多个素义之间区别较大,而且它们既没有共同的上位义项,也不能通过适用范围较广的"母义项"来统括,为了保持唯一性,我们只能把该词项再拆分为两个词项入库。如词项"生长❷"在《现汉》中释义内容如下:

【生长】❷出生和成长;产生和增长。他～在北京|新生力量不断～。

语素"生¹"和"长(zhǎng)²"在《现汉》中的义项有:

【生¹】❶ 动 生育;出生。❷ 动 生长。❸生存;活(跟"死"相对)。❹生计。❺生命。❻生平。❼具有生命力的;活的。❽ 动 产生;发生。❾ 动 使柴、煤等燃烧。

【长²】zhǎng 动 ❶生。❷生长;成长。❸增进;增加。

我们看到,"生长❷"的释义由两个部分组成,前一部分"出生和成长"恰好能用"生¹❶"和"长²❷"来解释,后一部分"产生和增长"则能用"生¹❽"和"长²❸"来解释,而且"出生和成长"指的是生理上的状态,而"产生和增长"指的却是事理上的状态,它们之间的区别还是比较明显的。在这种情况下,我们把词项"生长❷"拆分为两条记录入库,与之相对应的分别为语素项"生¹❶"、"长²❷"和语素项"生¹❽"、"长²❸"。

第三,加合型:目标语素的多个素义在词中呈"加合"状态,几个素义相加才能得到完整的词义,遇到这种情况,我们不能拆分词义,只能作为特例来处理,在本研究分析的 12083 个词项中,只发现 1 例——"长者❶",释义情况和处理方法如下:

【长者】名❶年纪和辈分都高的人。

其中,语素"长¹(zhǎng)"在《现汉》中的义项设置如下:

【长】¹zhǎng❶形年纪较大。❷排行最大。❸形辈分大。❹领导人。

"年纪大"和"辈分高"不是一回事,"长者❶"释义中用到了这两种语义特征的加合,离开任何一个特征,词义都不完整,为了保持语素项的唯一性,我们只取"长¹zhǎng❶"作为词项所对应的语素项,但在"词、素关系分析表"语素义和词义关系一栏中进行特殊处理,判定"长¹zhǎng❶"只能"部分但直接地表示词义"[①]。

四、区别多义词各词项之间的差异

曹炜(2001)认为词义与语素义存在同步连动、非同步连动和同步非同步杂糅 3 种关系:"从词义中,我们或多或少可找到语素

---

① 这里关系到语素在词中的显义类型,详见第四章第一节。

义的影子,所以语素义的各种变化均会带来词义的变化,这便是语素义同词义的同步连动"①,从曹先生所举的例子来看,他所说的"同步连动"指的是多义词各义项对应了不同的语素义。而"非同步连动"主要表现为:"语素义并没有丝毫的变化,而词义则有区别和不同",即多义词各义项用了同样的语素义。此外,还存在第三种情况,"同步连动和非同步连动杂糅在一起,即语素义的变化自然带来词义的变化,可词义的变化的幅度大大超过了语素义,这其中还有语素义之外的因素",从他所举的例子来看,这种"语素义之外的因素"指词的结构因素。第三种情况中,多义词各个义项不但对应的语素义不同,连语素义组合的方式也发生了变化。

受到曹先生理论的启发,我们把多义词按其词项间的关系分为两个大类:共享语素项的多义词和不共享语素项的多义词:

1.对于不共享语素项的多义词,我们分别找出与其各词项相对应的语素项,如:

【转行】zhuǎn∥háng 动❶从一个行业转到另一个行业;改行。❷写字、打字或排版等,从一行转到下一行。

很明显,"转行❶"和"转行❷"分别用到了"行(háng)❸"(行业)和"行(háng)❶"(行列)两个语素项。

2.共享语素项的多义词又可分为以下几种情况:

(1)多义词各词项对应的语素项相同,只是语素项组合方式不同,如:

【发文】❶(—∥—)动发出公文❷名发出的公文。

我们判断这两个词项所用的语素项同为:"发(fā)❶"(送出;交付)、"文❸"(文章),只是"发文❶"的两个语素项之间是述宾关系,

---

① 曹炜.现代汉语词义学[M].北京:学林出版社,2001.

"发文❷"的两个语素项之间是偏正关系。

(2) 多义词各词项对应的语素项相同,只是词义的"暗含内容"①不同,如:

【元年】名❶帝王或诸侯即位的第一年或帝王改元的第一年,如隐公元年,贞观元年。❷指纪年的第一年,如公元元年,回历元年。❸指政体改变或政府组织上的大改变的第一年,如周代共和元年。

"元年❶"、"元年❷"、"元年❸"的词义核心部分都是"第一年",只是词义的"暗含内容"不同,这些"暗含内容"并不是可有可无的,它们对于词义有区别作用。我们判断与"元年❶"、"元年❷"、"元年❸"相对应的语素项同为:"元¹❶"(开始的;第一)和"年❶"(时间的单位,公历1年是地球绕太阳一周的时间,平年365日,闰年366日,每4年有1个闰年)。

(3) 多义词各词项对应的语素项相同,只是素义结合后引申的方向不同,因此词义不同。这里所说的"引申",包括相关引申和相似引申等,如:

【洗手】xǐ//shǒu 动❶比喻盗贼等改邪归正。❷比喻不再干某项职业。

"洗手❶"和"洗手❷"所对应的语素项均为"洗❶"(用水或汽油、煤油等去掉物体上面的脏东西)和"手❶"(人体上肢前端能拿东西的部分)。两个词义都是在素义结合后,通过相似引申得到,只是引申的方向不同。再如:

【发展】动❶事物由小到大、由简单到复杂、由低级到高级的变

---

① 符淮青在《现代汉语词汇》(1985)中以词义中的语素义为中心,把解释词义的内容分成四个部分:语义内容、词的暗含内容、为表述需要而补充的内容、知识性附加内容。

化。❷扩大(组织、规模等)。

"发展❶"、"发展❷"所对应的语素项均为"发(fā)❺"(扩大;开展)、"展❶"(张开;放开),两个词义都是由素义结合后,再通过相关引申得到的,只是前一个义项在引申过程中抓住了事物纵向发展的特征,而后一个则抓住了事物横向发展的特征。

(4)有时多义词各词项之间的关系比较复杂,词项之间的关系又可分出小的层次,有的共享语素项,有的不共享语素项。遇到这样的情况,我们先给多义词的词项分组,再确定每组词项所对应的语素项。

如,"新人"一词共有6个词项:

【新人】名❶具有新的道德品质的人。❷某方面新出现的人物。❸指机关、团体等新来的人员。❹指改过自新的人。❺指新娘和新郎。有时特指新娘。❻人类学上指古人阶段以后的人类,生活在距今四万年至一万年前。如我国的山顶洞人。也叫晚期智人。

【新】❶形刚出现的或刚经验到的(跟"旧、老"相对)。❷形性质上改变得更好的(跟"旧"相对)。❸使变成新的。❹形没有用过的(跟"旧"相对)。❺指新的人或事物。❻形结婚的或结婚不久的。❼副新近;刚。

"新人❷❸❻"的核心意义都是"新出现的某种人",只不过所加的"暗含内容"不同;"新人❶"稍有不同,"新"用于修饰"道德品质",而不直接修饰"人"。总的来说,"新"在"新人❶❷❸❻"中具有共同的语义特征"新出现的",这4个词项可以归为一组。"新人❹"的核心意义是"性质上变得更好的人"。"新人❺"的核心意义是"新婚的人"。这样,根据核心意义的不同,6个词项就可以分为3组:❶❷❸❻/❹/❺。我们判断这3组词项所对应的"新"的语素项分别为:"新❶"、"新❷"、"新❻"。

第二章 语素项构词能力分析

本研究所建语素项属性库中收录了构词频率最高的50个素形覆盖的581个语素项,我们把词项和语素项对应起来,计算语素项构词时的使用频次,以此为基础来分析语素项构词时的一些特点。数据库中一共收录了8324个不重复的双音合成词词形,12083条词项,其中有11396个词项的意义可以用语素义来解析[①]。本章主要探讨语素项的语法类别、语义特点、构词位置与其构词能力之间的关系。

第一节 语素项的语法类别与构词能力

一、语素的语法类别之争

语素有没有语法类别,学界观点不一,大致可分为两派:
一派以吕叔湘、王力、高名凯、尹斌庸、周一农、武占坤、王勤等

[①] 有个别词的两个素形都在我们的研究范围内,因此,12083和11396中有部分条目是重复的。

为代表，认为词的结构方式和短语的结构方式高度一致，语素具有语法类别，且语素的语法类别是可分析的。

吕叔湘(1962b)指出："语素分类问题基本上就是词类问题。当然，粘着语素的分类比自由语素要困难些，但是原则上没有什么不同。"①武占坤、王勤(1983)认为"词与词素的性质虽然不是一回事儿，但两者毕竟还有联系。因此，从语法范畴认知词素可分成'名词素''动词素''形容词素''副词素''数词素''量词素'等等类别。"②尹斌庸(1984)认为"语素不一定是词，但是却明显地具备着词性"③。周一农(1986)认为语素中有49%在现代汉语里是可以独立使用的，这一部分语素性质的确定不成问题；不能独立使用的语素可以根据语言发展的传承性，用古代汉语独立使用语素的类聚性来间接证明和确定现代汉语语素的类聚性；而且，汉语的构词法与造句法之间存在着较为严密的对应性，根据这三点，便可比较顺利地对语素进行性质上的分类。杨锡彭(2003)援引了雅·沃哈拉(1987)的观点，认为汉语复合词的语素与单音词在形式上是没有区别的，语素的语法性类与单音词一样，可以依靠组合关系来区分。董秀芳(2004)也认为"语素可以像词和短语那样区分出语法类别"。

陆志韦(1957)的提法略有不同，他虽然指出"词素当然不能分词类，但是依然可以凭意义分类。所不幸的，照历来的习惯，词素的类名和词类的名称用同一个系统"④，他用的是"名字、形容字、动字、数字、象声字"等名称，实质上仍然是对"词素"进行了一种语法类别上的分类。

---

① 吕叔湘.关于"语言单位的同一性"等等[J].中国语文,1962(11).
② 武占坤,王勤.现代汉语词汇概要[M].内蒙古:内蒙古人民出版社,1983.
③ 尹斌庸.汉语语素的定量研究[J].中国语文,1984(5).
④ 陆志韦.汉语的构词法[M].北京:科学出版社,1957(12).

另一派则以柯彼德、施关淦、戴昭铭、刘叔新、周荐等为代表。刘叔新(1990)认为"复合词内的词素,既不可能有词的形态变化等词法特点,又由于并非意义明晰地、独立地与相邻词素组合,并且不能单独与其他成分组合,也没有句法方面的功能特点。复合词的词素不是由语法特点所决定的一定词类的词,而且本身根本不可能有语法的类别。"[①]柯彼德(1992)认为:"语素不是句法单位,而是词义下的单位,本身不可能归入词类",并指出尹斌庸所谓"确定语素的词性"这一提法本身就是有矛盾的。施关淦(1992)也认为尹斌庸的做法有明显的缺陷,分出来的类只能算是词类而不是语素的类。

我们认为语法包括词法和句法,语素是词法层面上的一个单位,它是音义结合的最小单位,也是最小的语法单位,而不是像柯彼德所认为的那样,仅是"词义下的单位"。如张志公先生所言"从语素到词,到词组,到句子,就是一个组合过程,而组合的原理是'一以贯之'的。各级的组合,虽有小异,不失大同。"[②]语素与语素结合成词,应看作是语法单位之间的组合,这种组合既有语义上的规律,也有结构上的规律,语法类别的分类是一种语法功能上的聚合分类,我们可以为语素进行这样的分类,但是不宜采用"词性"这个术语。

二、如何判定语素项的语法类别

许多学者在分析语素的语法类别时都遇到了语素多义性造成的障碍。尹斌庸(1984)遇到了"一小部分兼职的语素",在这种情

[①] 刘叔新.复合词结构的词汇属性[J].中国语文,1990(4).
[②] 张志公.谈汉语的语素——并略介绍哈尔滨语法教学讨论会[J].语言教学与研究,1981(4).

况下,"一般都按它的基本意义确定词性"。杨锡彭(2003)认为尹氏的这种做法没有充分考虑到语素的语法特点,他指出对语素语法功能类别的判定,必须注意语素义项的组合功能及语素的组合特征。

我们认为仅按基本意义来确定多义语素的语法类别这种做法存在很大的缺陷。首先,基本意义的确定就是一个难题;其次,意义是语义层面上的特征,而语法类别则关系到组合功能;再次,语素在基本意义上和在其他意义上所表现出来的语法功能可能完全不同。

由于多义语素的存在,许多学者在谈及语素的语法类别时,总要强调他们所讨论的是语素在某个特定义项下的语法类别(如:杨锡彭,2003;董秀芳,2004)。我们认为,把对语素语法类别的研究落实到语素项上,更加直接,而且能够避开语素的同一问题和多义问题造成的障碍。

尹斌庸(1984)对语素的所谓"词性"进行了统计,制作了"汉语语素词性分配表",可惜他把"兼职语素"的"词性"作单一化处理,没有深入到语素项的层面。杨锡彭(2003)把对语法功能的分析推进到了语素的不同义项上,可惜只做了个案分析。到目前为止,还没有学者进行过成规模的、比较全面的以语素项为单位的语法类别研究,我们试图在这方面做一些工作。

要判定语素项的语法类别,我们首先要弄清语素项能够分出多少个语法类别。尹斌庸(1984)把语素分为名、动、形、量、副、数、代、叹、助、介、连11类,把名词性后缀归入名词性语素。苑春法、黄昌宁(1998)多列了一个"象声词性",并把词缀归入"其他"的范围内。杨锡彭(2003)认为根据语素成词时的功能把语素分为名词性语素、动词性语素、形容词性语素等类别的做法,有利于说明语素与其所构成词的功能的关系,但不宜在语素的上位区分中出现介词性语素、助词性语素、连词性语素等类别。在考察了语素项构词的具体情况之后,我们认为,在语素项可以单独成词的情况下,如果承认有名、动、形类的语素项,那么介、助、连类语素项也是存在的;在语素项作为构词成分的时候,"自²"(从;由)这类语素项构成"自古"等词,本质上和名、动、形类语素项构词一样,都是句法规则在词法层面的映射,把"自²"归为介词性语素项并无不妥。

我们主要参照《现汉》(第5版)对词性所做的标注体系来确定语素项的语法类别集。《现汉》的这个标注集分为12大类:名词、动词、形容词、数词、量词、代词、副词、介词、连词、助词、叹词、拟声词。其中名词又有时间词和方位词两个附类;动词有助动词、趋向动词两个附类;形容词有属性词、状态词两个附类;代词有人称代词、指示代词、疑问代词三个小类。我们参照这个标注集,将语素项分为名词性语素项、动词性语素项、形容词性语素项、数词性语素项、量词性语素项等等。这些语素项独立成词时可以作为句法结构成分,作为构词单位时又能与其他语素项结合形成类句法结构的关系,因此我们称之为句法性语素项,其中,名、动、形等语素项的语义意义(词汇意义)大于语法意义,我们称之为句法性实义语素项,介、连、助等语素项以语法意义为主,我们称之为句法性虚义语素项。另外,还有一类语素项是只能构成派生词的词缀,这类语素项与其他语素项之间不能构成类句法的关系,只有词法关系,我们称之为非句法性语素项[①]。在我们研究的581个语素项中,一

[①] 杨锡彭(2003)根据语素在构词以及独立成词时能否与另一语素、另一句法单位形成句法结构关系,能否成为语法结构的构成成分,把语素分为句法性语素与非句法性语素两大类。我们借用他的这一对概念,但在内涵和外延上有所不同,杨所列的句法性语素中只有名、动、形、副等类别,不包括介、助、连等类别。

共有 568 个句法性语素项,13 个非句法性语素项。

接下来就是具体语素项语法类别的判定问题。在《现汉》中,如果字头所对应的语素在该义项上可以独立成词,就标有语法类别,这种情况下,我们可以直接采纳《现汉》的标注;但如果编者认为字头所对应的语素在某个义项上不能独立成词,对于该义项《现汉》中就没有语法类别标注可供参考,这时我们只能自行判定语素项的语法类别。

在以往的研究中,有些学者提出了判断语素语法类别的一些方法,尹斌庸(1984)综合考虑了"语素在现代汉语中单用时的词性"、"语素在古代汉语中作为单音词使用时的词性"、"语素在词中的句法作用"三个方面的因素。董秀芳(2004)用 Packard(2000)的"中心原则"(Headness Principle)结合语素在古汉语中的词类属性来判断语素的语法类别。杨锡彭(2003)认为对于语素的语法功能的判别不能简单化,要考虑到语素的表义特点和组合特征。

我们认为,以古代汉语中的词类属性来判断语素项在现代汉语中的语法类别,这种做法模糊了共时与历时的界限,而且从古至今,语素的义项在不断扩充,这种扩充不但是意义上的,也包括语法功能上的发展变化,都回溯到古代汉语中的单音词上去,可操作性值得怀疑。我们只能说有些语素项在现代汉语中的语法类别与在古代汉语中的相同,语素项在古代汉语中单用时的语法类别能为我们提供一些参考,但不能作为判定语素项在现代汉语中语法类别的标准。要判定语素项的语法类别,我们还是应该立足于共时平面,以语素项的释义内容、释义方法、组合特征为主要依据。其中,在组合特征方面,我们从"词、素关系分析表"中可以得出比较可靠的结论,这也是语素项构词频率统计结果的一种应用。如:

【心】❸中心;中央的部分:江～│圆～│重～。

"心"的这个语素项不能单用,《现汉》中没有给出词类标注,我们先看它的释义内容:"中心"、"中央的部分"一个是名词,另一个是名词性词组。再看"心❸"在"词、素关系分析表"中所构的39个词项,有30个是定中结构的名词,如:"手心"、"掌心"、"莲心"、"球心"、"空心"、"实心"、"靶心"、"眉心"、"重心"等等,"心"都处于定中结构的中心语位置,在其余词项中,"心"处于述宾结构的宾语位置上。从释义内容和组合特征上来看,我们认为"心"的这个语素项是名词性语素项。再如:

【花¹】用来迷惑人的;不真实或不真诚的:～招(儿)|～账|～言巧语。

"花¹"也是一个不能单用的语素项,从释义方式来看,《现汉》常常用"……的"格式来为形容词释义。从组合特征来看,"花¹"所构成的8个词项,大部分是定中结构的名词,如:"花样"、"花招"、"花枪"、"花账"等,"花"都处于定中结构的定语位置。从释义方式和组合特征上来看,我们认为"花¹"是形容词性语素项。

另外,李行健主编的《现代汉语规范词典》(2004)中的字头义全部标有语法类别,我们也参考了这本词典中的标注。

三、语素的语法类别研究必须落实到语素项上

上文中,我们说研究语素项的语法类别要比研究整个语素的语法类别来得直观,在为语素项标注了语法类别属性之后,我们就同一语素各语素项语法类别的统一性进行了验证性的研究,结果证明,多义语素的不同语素项常常属于不同的语法类别,可见语法类别研究应该深入到语素项上。

由于各家的分素标准不一,我们暂时按照《现汉》的分素法来确定语素,这样本文考察的50个素形一共承载了98个语素,我们

考察了这些语素各语素项的语法类别分布情况,结果如下表所示:

表 2-1　98 个语素所辖语素项的语法类别分布表

语素	语素项数	名	动	形	副	数	量	代	介	连	助	词缀前	词缀后
白¹	9		1	6	2								
白²	1			1									
白³	4	3		1									
不	8				8								
长 cháng	5	2		1	2								
长 zhǎng¹	4	1	3										
长 zhǎng²	3		3										
出¹	13	1	12										
出²	1						1						
出³	1		1										
打 dá	1						1						
打 dǎ¹	27		27										
打 dǎ²	1								1				
大 dà¹	8	2		4	2								
大 dà²	2	2											
大 dài	1			1									
得 de	4										4		
得 dé¹	7		7										
得 dé²	2		2										
得 děi	4		3	1									
地 dì	15	14											1
地 de	1										1		
电	5	3	2										
动	8		7		1								
发 fā	16		15				1						

续表

语素	语素项数	名	动	形	副	数	量	代	介	连	助	词缀 前	词缀 后
发 fà	1	1											
分 fēn	9	3	3	1		1	1						
分 fèn[1]	4	4											
分 fèn[2]	1		1										
风	11	7	1	2	1								
工[1]	9	7	1	1									
工[2]	1	1											
光	11	4	2	3	2								
花[1]	17	13		4									
花[2]	1		1										
化 huā	1		1										
化 huà[1]	8	1	6										1
化 huà[2]	1		1										
火	9	5	1	3									
机	8	7		1									
口	12	11					1						
来[1]	12	1	7	1							3		
来[2]	1										1		
来[3]	2		2										
老	16	1	1	10	3							1	
力	4	3	1										
流[1]	8	3	5										
流[2]	1						1						
面[1]	9	5	1		1		1						1
面[2]	4	3		1									
年	10	9					1						
气	15	12	2										1

续表

语素	语素项数	名	动	形	副	数	量	代	介	连	助	词缀前	词缀后
然	5		1	1				1		1			1
人	8	8											
色 sè	7	7											
色 shǎi	1	1											
山	4	4											
上 shang	3	3											
上 shǎng	1	1											
上 shàng[1]	6	5			1								
上 shàng[2]	15	1	14										
上 shàng[3]	1	1											
上 shàng[4]	3		3										
生[1]	9	3	5	1									
生[2]	6			4	2								
生[3]	4	3											1
生[4]	1												1
手	8	4	1	1	1		1						
水	6	5					1						
体 tǐ	6	5	1										
天	11	9		1			1						
头 tóu	14	8		3		1	1		1				
头 tou	2												2
外[1]	8	5		2	1								
外[2]	1	1											
无	4		1		2					1			
下[1]	7	6			1								
下[2]	15		15										
下[3]	2						2						

续表

语素	语素项数	名	动	形	副	数	量	代	介	连	助	词缀	
												前	后
下⁴	3		3										
小	8	2		3	3								
心	4	4											
行 háng	5	3	1				1						
行 hàng	1	1											
行 héng	1	1											
行 xíng	12	2	7	2	1								
学	5	3	2										
一¹	11			2	8						1		
一²	1	1											
意	5	4	1										
有 yǒu	9		7									1	1
有 yòu	1				1								
子 zǐ¹	13	9		2			1	1					
子 zǐ²	1	1											
子 zǐ³	1	1											
子 zi	2												2
自¹	2				1			1					
自²	1								1				

从上面这个表格中,我们观察到:98个语素中有71个是多义语素,其中,有51个语素(约占多义语素的71.83%)所含语素项分属2种或2种以上的语法类别,有的甚至分属5种语法类别,这51个语素的平均语素项数为8.67个;其余20个多义语素各语素项的语法类别是一致的,它们的平均语素项数为5.6个。这说明,在这50个素形范围内,多义语素各素项所属的语法类别常常不是唯一的,而

且,语素项越多的语素,语法类别的情况就越复杂。如果像既有研究那样把语素当成语法类别研究的最小单位,"一素多性"的情况就不可避免,只有从新的角度,基于语素项来考察语法类别才能够保证唯一性,我们据此认为语法类别研究应该落实到语素项上。

四、语素项的语法类别与构词能力的关系

语素项的语法类别和构词能力是否有关？哪种类别的语素项构词能力最突出呢？从总体上来看,581个语素项的语法类别情况如下：

表2-2　581个语素项的语法类别分布情况表

语法类别	名	动	形	副	数	量	代	介	连	助	词缀
语素项个数	241	181	65	36	10	16	3	3	2	11	13
占语素项总数的百分比	41.48%	31.15%	11.19%	6.20%	1.72%	2.75%	0.52%	0.52%	0.34%	1.89%	2.24%

我们看到,构词能力最强的这50个素形所对应的语素项以名词性和动词性的居多,那么是不是这两类语素项的构词能力也最强呢？在这50个素形的范围内,我们来看看语法类别不同的语素项在平均构词数上的区别：

表2-3　语法类别不同的语素项的平均构词数

语法类别	名	动	形	副	数	量	代	介	连	助	词缀	
											前	后
语素项数量	241	181	65	36	10	16	3	3	2	11	2	11
构词数	5976	2112	1117	359	143	51	191	11	1	29	28	1378
语素项平均构词数(个)	24.8	11.7	17.2	10.0	14.3	3.2	63.7	3.7	0.5	2.6	14.0	125.3

从上面的表格中,我们可以看出,语法类别不同的语素项构词

能力区别很大,从平均构词数来看,构词能力最强的是词缀语素项,尤其是后缀。然后依次是代词性语素项、名词性语素项、形容词性语素项、数词性语素项、动词性语素项、副词性语素项,其他类型的语素项构词能力较低。但平均数代表的只是一种类型语素项的平均构词能力,我们还需对具体语素项的构词能力作进一步分析。581个语素项构词数最低的为0,最高的为942,数值相差很大,如果我们按语素项构词数从低到高分档观察,语素项的语法类别又会呈现出怎样的分布状态呢?

语素项的构词能力由弱到强是一个渐变的过程,不能一刀切,为了便于观察,我们把语素项按构词数分为几档,对比每一档中语素项语法类别的情况,首先是语素项构词数为0和不为0时语素项语法类别分布的情况对比:

表2-4 构词数为0和不为0时语素项语法类别分布情况

语法类别分类		该语法类别的语素项总数	构词数为0		构词数大于0	
			语素项数	占同类语素项百分比	语素项数	占同类语素项百分比
名		241	22	9.13%	219	90.87%
动		181	27	14.92%	154	85.08%
形		65	9	13.85%	56	86.15%
副		36	9	25.00%	27	75.00%
数		10	1	10.00%	9	90.00%
量		16	7	43.75%	9	56.25%
代		3	1	33.33%	2	66.67%
介		3	1	33.33%	2	66.67%
连		2	1	50.00%	1	50.00%
助		11	7	63.64%	4	36.36%
词缀	前缀	2	1	50.00%	1	50.00%
	后缀	11	0	0.00%	11	100.00%

构词数大于 0 的语素项,根据具体构词数的多寡,又可以分为下面的几档:

表 2-5　各构词数区间内语素项语法类别的分布情况

		构词数大于 0 的语素项总数	构词 1～10 的语素项数	构词 11～20 的语素项数	构词 21～30 的语素项数	构词 31～40 的语素项数	构词 41～50 的语素项数	构词多于 50 的语素项数
名		219	97	45	18	19	10	30
动		154	101	27	6	4	7	9
形		56	41	6	3	1		5
副		27	21	3	2			1
数		9	6	1	1			1
量		9	8	1				
代		2					1	1
介		2	2					
连		1	1					
助		4	2	2				
词缀	前	1				1		
	后	11	4	2	1			4

根据以上两个表格的统计结果,按构词数从低到高分档观察语素项的语法类别,我们得出的结论是:50 个素形范围内,助词性、连词性语素项的构词能力是最弱的,有 63.64% 的助词性语素项不能参与构词,介词性语素项的构词能力也较弱,一般构词数不超过 10 个。究其原因,这三种语素项的自由度较高[①],大部分情况下作为单音节虚词来使用,语素项的语义意义(词汇意义)很弱,语法意义居于主导地位,因而构词能力较弱,单用能力更强。

---

①　关于语素项自由度的定义,详见第三章第二节。

量词性语素项的语义意义（词汇意义）也不明晰，自由度较高，大部分情况下和数词组成数量短语来使用，因而专用的量词性语素项构词能力总是很弱，具有一定构词能力的量词性语素项则大部分借自名词，如："年❷"、"天❹"、"口⓫"、"面❾"等。

名词性、形容词性、动词性语素项在各个区间都占多数，尤其是名词性语素项，构词能力最为突出。副词性、数词性语素项的构词能力一般不强，只有极个别语素项的构词能力特别突出。在本研究范围内，代词性语素项数量很少，其中有个别的构词能力较强，至于此类语素项总体上的构词能力如何，还有待今后进一步观察。代词性语素项和前缀语素项中各有 1 个构词数为 0，我们调查后发现，这两个语素项分别是"子❹"（古代指你）和"有❾"（前缀，用在某些朝代名称的前面），都属古义，在现代汉语中没有构词能力。

在句法性语素项中，实义语素项的构词能力远强于虚义语素项，语义意义（词汇意义）居于主导地位的语素项构词能力往往强于语法意义居于主导地位的语素项。如果我们把语素项按照意义由实到虚，即根据语义意义（词汇意义）的减弱、语法意义的增强分为 A（名、动、形），B（代、副、数、量），C（介、连、助）三组，则在构词能力上 A>B>C，即语素项的构词能力随着语素义由实到虚而减弱。在非句法性语素项中，后缀语素项的数量远大于前缀语素项，构词能力也明显强于前缀语素项。

总的看来，在所有类别中，句法性语素项中的名、动、形类和非句法性的后缀语素项构词能力最强，后者应归功于派生构词方式的能产性。句法性语素项的构词能力主要集中在名、动、形 3 类上，除了因为语素项本身绝对数量比较多以外，更主要的是语法功能方面的原因。汉语的词法和句法有一定的相似性，在句法层面上，名词既可做主语、宾语，也常作定语，位置灵活多变，结合能力很强,相应地,在词法层面,名词性语素项的结合能力也较强。形容词在句法层面上常做谓语、定语和补语,动词虽然主要做谓语,但作为谓语,它的结合面是非常广的,有的能被副词修饰,有的能带宾语,有的能带补语,有的动词自身还可作补语,因此,形容词性和动词性语素项在词法层面上构词能力也就比较强。

另一方面,我们也要看到,在语素项语法类别相同的情况下,构词能力的差别还是很大的,也就是说,除了语法类别,影响语素项构词能力的还有其他因素,我们将在下文中进一步分析。

第二节 素义特点与语素项的构词能力

一、本义语素项和后起义语素项的构词能力对比

从历时演变的角度来看,我们把语素项分为本义语素项、后起义语素项。"本义是与原始字形相贴切的词的一个义项",是"在现有书面材料中可以追溯的最早词义"(王宁,1996)。古代汉语中,单音节词占优势,字、词、语素常常可以一一对应起来,与原始字形相贴切的"最早词义"也就相应地成为语素本义。词义学研究中与"本义"相对应的概念是"派生义"或"引申义"。我们认为语素的其他意义与本义之间可能有意义上的引申关系,也可能引申线索无从查找,只能归入"另生义[①]"。在这里,我们暂时不考虑素义之间的意义关系,只按素义产生的时间先后来分类,因此不用"派生义"

[①] 符淮青(1985)把词义分为本义、基本义、引申义(包括从本义、基本义发展出来的引申义和从引申义发展出来的引申义)、比喻义、另生义5种类型。其中,前4种类型之间有意义上的联系,另生义则不是由本义发出的。

或"引申义",而是用"后起义"作为与"本义"相对应的术语。我们把与语素本义相对应的语素项称为本义语素项,其他语素项称为后起义语素项。

一个素形可能承载了几个同形语素,因此,同一素形下的本义语素项可能不止一个,如:素形"面"承载了分别由"麪(麵)"和"面"发展而来的两个语素,因此素形"面"下有2个本义语素项,其他语素项都是后起义语素项。有的素形下一个本义语素项也没有,这是因为它所承载的语素本义早已被淘汰,在现代汉语中既不构词也不单用,如:"来(來)"的本义是"麦",现在,这个本义已经弃置不用了。"自(自)"的本义是"鼻",现在也不用了。因此,我们在素形"来"和"自"下没有收录本义语素项。

我们主要依据《说文解字》(以下简称《说文》)来判断本义语素项,在《说文》解释可能有误的情况下,进行一些调整。如:素形"发"承载了"髪"和"發"两个语素,对于前者,《说文》释为"髪,根也",《汉语大字典》中则说:"段玉裁、朱骏声改'根也'为'头上毛也'",因此我们根据《汉语大字典》做了一些修正,把"发(fā)❶"(头发)作为一个本义语素项。这样,我们考察的50个素形所承载的581个语素项中,一共有45个本义语素项,其余536个都是后起义语素项。

本义语素项在现代汉语中的构词能力如何呢?经统计,45个本义语素项的构词能力分布情况如下表所示:

表2-6　45个本义语素项的构词能力分布

构词数区间	1~10	11~20	21~30	31~40	41~50	50以上
区间内本义语素项数	6	1	3	6	4	25
占本义语素项数百分比	13.33%	2.22%	6.67%	13.33%	8.89%	55.56%

统计结果是,半数以上的本义语素项构词数都在50个以上,将近80%的本义语素项构词数在30个以上,可见,多数本义语素项的构词能力较强,在现代汉语中是比较活跃的。

那么后起义语素项的构词能力又如何呢?我们也考察了536个后起义语素项的构词数,结果如下:

表2-7　536个后起义语素项构词能力分布

构词数区间	0	1～10	11～20	21～30	31～40	41～50	50以上
区间内后起义语素项数	86	277	86	28	20	13	26
占后起义语素项数百分比	16.04%	51.68%	16.04%	5.22%	3.73%	2.43%	4.85%

从上表中,我们看到,构词数在50个以上的后起义素项只占4.85%,只有11.01%的后起义语素项构词数超过30个,大约三分之二的后起义语素项构词数在10个以内,其中有86个语素项构词数为0。可见与本义语素项相比,后起义语素项的构词能力较弱。

通过上文的分析,我们看到,从总体上来说,本义语素项的构词能力比后起义语素项强,但这两类语素项中都有构词能力极强的,也有构词能力极弱的,尤其是后起义语素项,构词能力两极分化的情况比较严重。这说明,素义产生时间的先后,不是语素项构词能力强弱的决定性因素,只是本义语素项普遍具有的某种特征恰恰符合能产的要求,因此其构词能力普遍较强。姜自霞(2005)曾经以43个构词力强的名词性语素为对象进行基于义项的语素构词研究,她把语素项分为本义和引申义两组来考察,认为"语素项的语义特点是影响构词力的重要原因。不管是本义还是引申义,只要语素项指称的概念是核心概念,所表意义范围广,往往就具有很强的构词力"[①]。这个结论是有说服力的,但也是稍显模糊

---

① 姜自霞.基于义项的语素构词研究[D].北京:北京语言大学,2005.

的,因为就表意范围的广狭而言,目前并没有一个明确的衡量标准,而且,指称意义相同或相近的语素项构词能力也未必相当。

我们认为语素项和语素项结合成词,从语义的角度来说,是素义之间的组合,语素项在语义上的特点必然影响到它的构词能力。它一方面通过语义的组合关系来影响语素项的构词力,表现为素义的各种限定性成分对语素项构词能力的制约;另一方面通过语义聚合系统来影响语素项的构词能力,表现为语素项和语素项之间的竞争和分工。

二、组合关系中的语义限定因素制约了语素项的构词能力

我们无法判定一个语素项的表意范围足够广,但却可以从反方向着手,找出可能导致素义所指范围变窄或使其搭配对象受限的一些语义限定性因素,看看这些因素是否限制了语素项的构词能力。

组合关系中的语义限定因素来自于素义内部,目前针对素义内部的微观结构进行的研究很少。张志毅、张庆云(2001/2005)曾经建立义位的微观结构框架,从句法、语义、语用三个角度来对义位进行内部划分。但他们认为"义位"是专用于词的一个术语,"不自由的语素义,在字词典里算是一个义项,但是不能称为义位"[①]。我们认为汉语由语素到词、由词到词组在语义上和结构上的组合规律存在很大的共性,且语素的自由与不自由古今存在差异,有些"不自由的语素义"在古代汉语中恰恰是单音词的词义,从这个角度来说,素义和"义位"之间并非泾渭分明,素义的微观结构和义位的微观结构有很大的相似性。本书借用张志毅、张庆云分析义位

---

① 张志毅,张庆云.词汇语义学[M].北京:商务印书馆,2001第1版,2005修订版.

微观结构的框架和术语来分析素义内部的语义限定成分对语素项构词能力的影响。二张所描述的义位内部微观结构如图2-1所示[①]，其中，有些是素义所不具备的，如"词语内部结构义"一项。

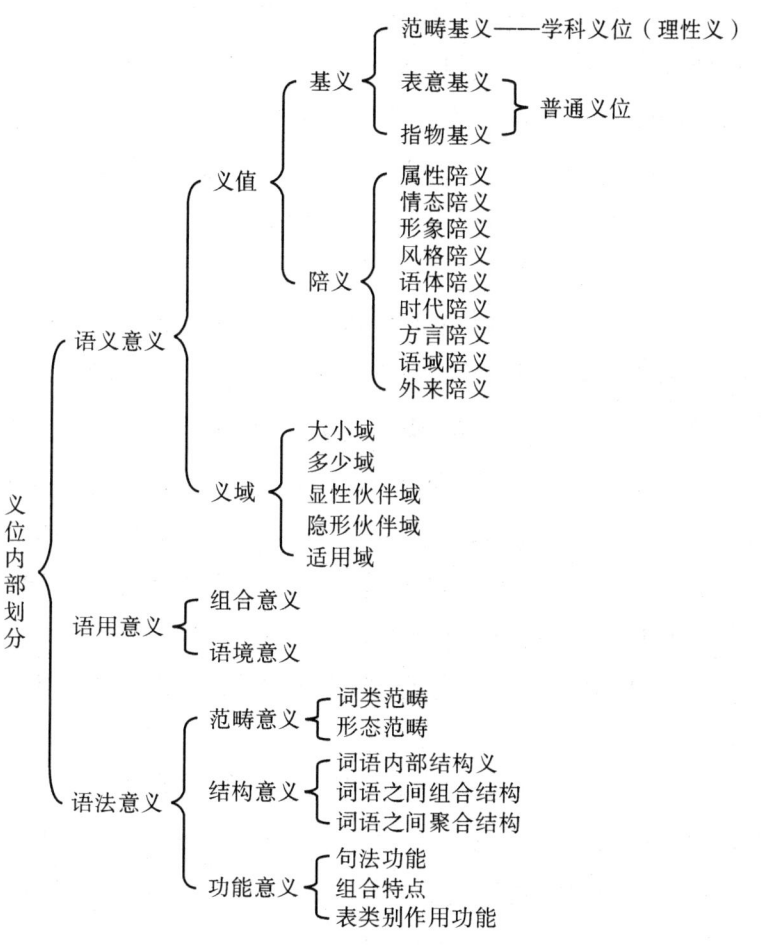

图 2-1 义位微观结构框架

[①] 本图是依据张志毅、张庆云在《词汇语义学》一书105～106页对于义位内部微观结构的说明自行绘制的。

对照义位内部微观结构来分析素义,我们认为:素义内部制约语素项构词能力的因素既有语义意义(词汇意义)上的,也包括语用意义、语法意义上的限定性成分。具体分析如下:

(一)语义意义(词汇意义)中的限定性成分

我们首先从语义意义(词汇意义)的角度来考察限定性因素对语素项构词能力的影响。张志毅、张庆云(2001/2005)认为语义意义(词汇意义)是由义值和义域构成的,义值是由基义和陪义构成的。基义是基本义值,陪义是附属或补充义值。我们首先考察义值范围内,基义和陪义中的语义限定因素。

《现汉》中对于语义限定成分的描写有两种形式,一种是明示,即用括注来体现,如:"白²"[(字音或字形)错误];另一种是暗示,即直接写入释义中,如:"打(dǎ)¹⑲"(用割、砍等动作来收集)。在我们研究的581个语素项范围内,从义值方面来看,语义限定成分对语素项构词能力的影响主要体现在以下几个方面,为了便于进行后续的统计研究,我们在分析时把具体影响因素从a-m进行了编号:

1.基义中的限定性成分制约了语素项的构词能力

(a)中心概念的所指范围受到限制,使得语素项搭配的范围变窄。

如:"白²"[(字音或字形)错误],把"错误"限定在字音或字形的范围内,"白²"构词数仅为2个。再如:"打(dǎ)¹⑲"(用割、砍等动作来收集),把"收集"的方式限定在"割、砍"等动作范围内,该语素项构词数为0。

(b)基义的民族性特征制约了语素项的构词能力。

有些语素项的基义是中国独有的事物和概念,如果所指称的事物在民族文化中特别发达,该语素项也会具有一定的能产性,但一般情况下,与通用的语素项相比,民族性强的语素项构词能力较弱。如:"上(shàng)³"(我国民族音乐音阶上的一级,乐谱上用作记音符号,相当于简谱的"1"),再如:"外²"(戏曲角色行当,扮演老年男子),构词数均为0。

(c)基义为历史义,在现代汉语中不活跃,语素项构词能力自然也较弱。

如:"年❿"(科举时代同年登科的关系),基义所指称的这种关系,在现代社会中已经不存在了,语素项"年❿"构词数为0;再如:"子¹⓫"(铜子ɻ;铜圆),除了古董行业,铜圆在现代社会已经很少见了,该语素项构词数仅为1。除了基义以外,陪义中也有时代特征因素的存在,下文中我们将举例分析。

2. 陪义中的限定性成分制约了语素项的构词能力

(d)素义的情态特征限制了语素项的构词能力。

如:"白¹"(用白眼珠看人,表示轻视或不满),"表示轻视或不满"是情感态度上的限定特征,该语素项构词数为0。再如:"小❽"(谦辞,称自己或与自己有关的人或事物),"谦辞"是对态度的限定,使得语素项"小❽"的使用场合受限,构词数仅为6。有些情态特征是隐藏在释词中的,如:"花¹⓫"(比喻年轻漂亮的女子),释词"漂亮"是褒义的,使得整个素义带上了褒义色彩,该语素项构词数仅为2。

(e)素义的语体特征限制了语素项的构词能力。

语体的划分是相对的,我们这里的语体指的是口语和书面语。绝对的口语和书面语是较少的,大部分语素项应处于口笔通用的中介地带。《现汉》为部分语素义标注了〈书〉、〈口〉标记,这部分语素项由于在语体方面受限,构词能力也较弱,如:"分(fèn)²"(〈书〉料想)只构成了"自分"1个书面语词。再如:"火❽"(〈口〉兴旺;兴隆)只构成了5个词。

(f)时代陪义限制了语素项的构词能力。

如:"行(xíng)❷"(古代指路程),基义"路程"是古今通用的概念,而陪义"古代"指明了素义的时代色彩,该语素项构词数为0。有些语素项的时代陪义没有在《现汉》释义内容中体现出来,如:"然❶"(对;不错),《现汉》中没有给出任何标记,但现代汉语中这个素义已经很少用了,"对;不错"是"然"在古代汉语中单用时的意义,该语素项构词数为0。

(g)方言陪义限制了语素项的构词能力。

有些素义具有方言陪义,这使得语素项的使用范围受限,构词能力较低。如:"山❸"(〈方〉蚕蔟),仅构成了3个词。再如:"打⓮"[〈方〉付给或领取(证件)]",构词数为0。

(h)语域陪义限制了语素项的构词能力。

"语域"这个术语一指语体,一指语言的应用领域,我们取后者。有些素义带有明显的语域特征,活动范围被限制在专业语域范围内,因此在通用语域中语素项的构词能力较低。如:"流²"[流明的简称。发光强度为1坎的点光源在单位立体角(1球面度)内发出的光通量为1流],再如:"体❻"(一种语法范畴,多表示动词所指动作进行的情况,如进行体、完成体等)构词数都为0。

以上探讨的是义值范围内语义限定因素对语素项构词能力的制约,在义域方面,也存在一些限定性的因素。

大小域(即含元的大小①)和多少域(即含元的多少)对语素项的构词能力有一定影响,但大小域和多少域都是通过比较得出的,单看一个语素项,我们很难认定它含元大或者含元多。另一方面,含元大、含元多的语素项构词能力不总是比含元小、含元少的语素项构词

---

① 张志毅、张庆云(2001/2005)认为:义位A指某一对象的整体或较大的一部分,义位B指该对象的一部分或较小的一部分,这样AB所含的元就有大小之别。如:脾气A——性情:他~好。脾气B——易怒的性情:有~|发~|~大。义位A的含元大于B。

能力强。如："气❶"(气体)、"气❷"(特指空气)、"气❸"(气息①)，从大小域来说："气❶"涵盖了全部的气体，"气❷"特指空气，"气❸"特指呼吸时出入的空气，因此，"气❶"＞"气❷"＞"气❸"。从多少域来看，"气❶"的含元量比"气❷"多。但这3个语素项的构词能力相当，构词数都为45。再如："头❶"(物体的顶端或末梢)、"头❸"(人或动物的头)。从大小域和多少域来说："头❶"均大于"头❸"，但是"头❶"的构词数为64个，"头❸"的构词数为98个，"头❸"的构词能力反而要优于"头❶"。

我们认为，在义域方面，显性伙伴域、隐性伙伴域和适用域对语素项构词能力的制约作用比较明显：

(i)显性伙伴域限制了语素项的构词能力。

《现汉》在释义正文或括注部分有时会给出一些组合信息提示：如："打(dǎ)¹❽"[捉(禽兽等)]、"下²❷"[(雨、雪等)降落]、"有(yǒu)❼"(用在"人、时候、地方"前面，表示一部分)、"生²❻"[很(用在少数表示感情、感觉的词的前面)]等等，从释义的角度来说，这是"观其伴，知其义"(张志毅、张庆云，2001/2005)，从语义搭配的角度来说，素义的显性伙伴域恰恰限制了语素项的搭配对象，制约了语素项的构词能力。上面这4个语素项构词数分别为：3个、0个、3个、2个。

(j)隐性伙伴域限制了素义的搭配对象

有些时候，辞书在释义正文或括注部分都没有明确地给出语义搭配信息，但是词典用例给了我们相关提示，这就是隐性伙伴域。如："工¹❺"[指工程师：高～(高级工程师)｜王～]，释词"工程师"是名词性的，语素"工"在这个义项上与其他语素搭配起来位置本应比较灵活，但词典用例却提示我们，"工"在这个语素项上只能作为缩略成分，被表示级别或姓氏的成分修饰，而且只能处于双音结

构的后位上,"工¹❺"的构词能力因此受到了限制,构词数为 0。再如:"出¹❻"(发生:～问题|这事ᵣ～在 1962 年),释词"发生"的搭配对象本可以是好事也可以是坏事,但词典用例提示我们,"出"在这个语素项上的隐性搭配伙伴一般为不如意的事①,"出¹❻"的构词能力因此受限,构词数仅为 7。

至于适用域,张志毅、张庆云(2001/2005)认为:语体、语域、方言、时代、外来等陪义具有二重性,既是义位的附属、补充义值,又表明义位的使用范围。因此,在适用域方面,制约语素项构词能力的因素大体和陪义中的限定性因素相同,我们不再重复举例。

(二) 语用意义中的限定性成分

(k)除了语义意义(词汇意义)之外,素义在语用意义方面的特点也影响着它的构词能力。有时《现汉》的释义正文或括注传递了一定的语用搭配信息,如:"光❺"(敬辞,表示光荣,用于对方来临)、"不❽"[不用;不要(限用于某些客套话)],这些语用意义方面的限制性特征也制约了语素项的构词能力,"光❺"的构词数仅为 3,"不❽"构词数则为 0。

(三) 语法意义中的限定性成分

张志毅、张庆云(2001/2005)认为语法意义可以分为:范畴意义(包括词类范畴和形态范畴)、结构意义、功能意义三类。语素项的语法类别与构词能力的关系,我们已经在上一节中探讨过了。形态范畴对语素项构词能力的影响仅限于一小部分词缀或类词缀。与词不同,语素是不能再分的,不存在"词语内部结构义"的问题。因此,影响语素项构词能力的主要是组合和搭配方面的功能意义:

---

① "出事"在《现汉》"事"字头下,被列为"事❷"(事故)的用例,所以我们认为,这里的"事ᵣ"指的也是不如意的事。

(l)语法组合特征制约了语素项的构词能力。

《现汉》在释义正文或括注中常常会给出一些句法搭配方面的提示,强调语素项只能跟某种语法类别的成分结合,这方面的特征也制约了语素项的构词能力。如:"行(xíng)❼"[表示进行某项活动(多用于双音动词前)],括注告诉我们,该语素项常与双音动词组合,而且位置常在双音动词前,从韵律的角度来说,"汉语的音步一般由两个音节组成",[2+1]式超音步可以成词,而[1+2]式多为短语①,因此,"行(xíng)❼"构成的多为短语。"行"在这个义项上构词时,一般只能在前边加上1个语素,构成"自行"、"强行"、"另行"、"先行❷"这样的词。再如:"不❷"(加在名词或名词性词素前面,构成形容词),作为副词性语素项,构词时"不"的后面本应为形容词性或动词性成分,用"不"来修饰名词性成分的情况较少见,所以,"不❷"的构词能力也受到了限制,只构成了5个词。

(m)《现汉》释义正文或括注中,有时也会给出句式方面的提示,此类信息也限制了语素项的构词能力。如:"动❼"[吃;喝(多用于否定式)],说明该语素项一般与表否定的成分共现,因此构词能力受限,构词数为0。

以上我们列出了素义内部制约语素项构词能力的特征,从a到m,一共有13种。本书研究的581个语素项中一共有487个名词性、动词性、形容词性语素项,我们对这些语素项进行了限定性语义特征的标注,一共有200个语素项含有以上限定性特征,它们的构词能力如下:

---

① 冯胜利.论汉语的"韵律词"[J].中国社会科学,1996,01.

表 2-8 200个含限定性语义特征的语素项构词能力分布

构词数范围(个)	0	1~10	11~20	21~30
含语义制约特征的语素项数	52	120	21	7
占含语义制约特征语素项的百分比	26.00%	60.00%	10.50%	3.50%

统计结果显示大部分含有限制性语义特征的语素项构词能力较弱,一般构词数不超过 30 个。这些语素项中有 26.00% 完全不参与构词,60.00% 构词数在 10 个以内,这 200 个语素项平均构词数仅为 4.70 个。

总的来说,从语义意义(词汇意义)、语用意义、语法意义三方面来看,限定性的语义特征限制了语素项的构词能力,有标记的语素项组合能力一般要小于无标记的通用语素项。

三、语素项在语义聚合系统中的竞争与分工[①]

以上说的是语义组合系统中影响语素项构词能力的因素,在语义聚合系统中,也有一些因素会对语素项的构词能力产生影响,主要表现为语素项之间的竞争和分工。

姜自霞(2005)认为"语素项的语义特点是影响构词力的重要原因。不管是本义还是引申义,只要语素项指称的概念是核心概念,所表意义范围广,往往就具有很强的构词力"。同时她也注意到"如果某个语素项有一个或多个同/近义语素,而后者的构词力很强的话,该语素的构词力往往不强"[②]这恰恰说明,指称概念相同,表义范围相近或相同的语素项,构词能力也可能存在差异,表义范围广的语素项未必构词能力就强。因此,单个地考察还不够,

---

[①] 由于涉及聚合系统的分析,这部分所举例子中有的超出了 50 个素形的范围。
[②] 姜自霞. 基于义项的语素构词研究[D]. 北京:北京语言大学,2005.

我们应该把语素项放到语义聚合系统中做进一步研究。同/近义[①]语素项在构词上形成了一种竞争关系,它们中哪一个构词能力强哪一个弱并不是随机的,而是具有一定的分布规律:

(一)同/近义语素项可能存在历时层次上的分工

指称概念相同的语素项,有的专用于古代汉语、有的专用于现代汉语,还有古今通用的语素项,这些语素项的构词能力和构词特点不同,一般说来,在意义相同或相近的情况下,古今通用的语素项构词能力要强一些。如:"走❷"(〈书〉跑)在先秦时期已经出现[②],"跑❶"(两只脚或四条腿迅速前进)首现于隋唐五代,是后起的。这两个语素项是同义语素项,然而"走❷"现在已经不能单用,只保留在个别词和成语中,《现汉》给它加上了〈书〉标记,"跑❶"则是一个古今通用的语素项。我们分析这两个语素项的构词情况,"走❷"只保留在"走狗"、"走马"、"走兽"、"奔走"等6个双音合成词中,这些词的形成年代较早,"走❷"在现代汉语中基本不再构成新词;而"跑❶"则构成了"跑表"、"跑步"、"跑道❷"、"跑马"、"跑鞋"、"奔跑"、"长跑"、"短跑"、"飞跑"、"起跑"、"赛跑"、"小跑"、"中跑"、"助跑"等双音合成词,可见它在现代汉语中仍然很有活力。同义语素项"走❷"、"跑❶"在构词时有着历时层次上的分工。

(二)同/近义语素项可能存在语体和色彩上的分工

王东海(2002)认为在同义语素的编码中,一个显著的规则就是"语体同一规则","在词内编码或词间,语素的语体多具有同一性,即文言性的语素宜于跟文言性的语素组合,口语性的语素宜于跟口语性的语素组合"[③]。

---

① 这里的同义/近义,指的是基义相近或相同,不要求陪义也完全一致。
② 见曹炜《现代汉语词汇研究》(2003)中的"现代汉语3000常用词首见年代调查"
③ 王东海. 汉语同义语素编码的参数和规则[J]. 中国语文,2002(2).

指称意义相同或相近的语素项,在不同语体中分布的情况可能不同,有的多用于口语,有的多用于书面语,还有一些处于中间地带①,一般说来,处于中间地带的语素项构词能力更强一些。如:"爸"(〈口〉父亲)、"爹"(〈口〉父亲)、"父(fù)❶"(父亲)是同义语素项,但"爸"和"爹"有口语标记,多在口语中单用,"爹"还带有一定的方言色彩,从构词能力上来看,"爸"只能构成"爸爸"、"爸妈"、"后爸"、"干爸"等词,"爹"只能构成"爹爹"、"爹娘"、"爹妈"、"干爹"、"后爹"等词。"父(fù)❶"在现代汉语中一般不单用,但构词能力较强,构成了"父辈"、"父本"、"父老"、"父母"、"父女"、"父亲"、"父系"、"父兄"、"父执"、"父子"、"国父"、"后父"、"继父"、"家父"、"教父"、"生父"、"岳父"等一大批词,与"爸"和"爹"相比,"父(fù)❶"所构的词多用于比较庄重的场合。可见,"爸"、"爹"、"父(fù)❶"在构词时存在语体和色彩上的分工。

(三)同/近义语素项可能存在搭配范围上的分工

同义或近义语素项,还可能存在搭配范围上的分工,因而构词能力不同。如:"下²❹"[去;到(处所)],搭配对象只能是处所,因而只能构成"下乡"、"下海"、"下地"等词;而它的同义语素项"去¹❶"没有搭配对象上的限制,构词能力要强得多。

(四)本义相近或相同的语素,素义衍生发展的方向不同,其语素项在构词上可能有所分工

如:《说文》认为:"光,明也。从火在人上,光明意也。"又说:"朙,照也。"《说文》中没有收录"亮"字,但《玉篇·儿部》收有"亮,朗也。"段玉裁《说文解字注·儿部》说:"亮,明也。各本无,此依《六书故》所据唐本补。"我们据此认为,"光"、"明¹"、"亮"3个语素

---

① 纯粹的口语和纯粹的书面语分属两极,中间有一个很宽的口语和书面语通用的地带,我们称之为"中间地带"。

的本义相同,但是素义衍生发展的方向不同,3个语素的语素项所承担的构词任务也不同,具体情况请看表2-9、表2-10、表2-11。

表2-9 "光"的语素项及构词数

语素项	素 义①	能否单用②	构词数
光❶	名 通常指照在物体上,使人能看见物体的那种物质,如太阳光、灯光、月光,以及看不见的红外线和紫外线灯等。也叫光波、光线	是	115
光❷	景物	否	6
光❸	光彩;荣誉	否	8
光❹	比喻好处	否	4
光❺	敬辞,表示光荣,用于对方来临	否	3
光❻	光大;使显耀	否	3
光❼	明亮	否	11
光❽	形 光滑;光溜	是	6
光❾	形 一点(儿)不剩;全没有了;完了	是	2
光❿	形 (身体)露着	是	7
光⓫	形 只;单	是	2

表2-10 "明¹"的语素项及构词数

语素项	素 义	能否单用	构词数
明¹❶	明亮(跟"暗"相对)	否	46
明¹❷	形 明白;清楚	是	36
明¹❸	公开;显露在外;不隐蔽(跟"暗"相对)	否	24
明¹❹	眼力好;眼光正确;对事物现象看得清	否	15

---

① 素义来自《现汉》字头义,在一个义位有学科义位、普通义位两个变体的时候,《现汉》的释义往往偏向学科义位,其所指内容其实与普通义位相同。

② 此处的"能否单用"与第三章中的不同,依据的是《现汉》中是否给出了语法类别的标注。

续表

语素项	素义	能否单用	构词数
明¹❺	光明	否	4
明¹❻	视觉	否	3
明¹❼	懂得；了解	否	5
明¹❽	〈书〉表明；显示	否	4
明¹❾	形 明明	是	2

表 2-11 "亮"的语素项及构词数

语素项	素义	能否单用	构词数
亮❶	形 光线强	是	26
亮❷	动 发光	是	1
亮❸	形 (声音)强；响亮	是	7
亮❹	动 使声音响亮	是	0
亮❺	形 (心胸、思想等)开朗；清楚	是	3
亮❻	动 显露；显示	是	7

　　我们看到在《说文》或其他古文字学著作中，语素"光"、"明¹"、"亮"的本义都与"明亮(光线强)"有关，但由于素义衍生发展的方向不同，语素项在构词上也有所分工，"光"的构词能力主要集中在衍生出的名词性语素项"光❶"上，本义语素项"光❼"的构词能力反而较弱。"亮❶"构词能力稍强，"明¹❶"的构词能力在三个本义语素项中是最强的，但"明¹❶"和"亮❶"在构词时明显有所分工："明¹❶"不能单用，且测查的结果显示它在构词时位置比较灵活，居于前位和居于后位之比是 27∶19，在前位上稍占优势；"亮❶"恰恰能够单用，且构词时，居于前位和居于后位之比是 9∶17，在后位上占优势，这两个同义语素项在构词时恰好呈现出了一种互补分布的状态。

（五）素义衍生方向比较相近的语素，可能具有多个相同或相近的语素项，这些语素项在构词能力上可能呈现出互补的特点

如：根据《现汉》，"走"和"跑"的语素项如下：

表 2-12　"走"的语素项

语素项	素　义	能否单用
走❶	动 人或鸟兽的脚交互向前移动	是
走❷	〈书〉跑	否
走❸	动 （车、船等）运行；移动；挪动	是
走❹	动 趋向；呈现某种趋势	是
走❺	动 离开；去	是
走❻	动 指人死（婉辞）	是
走❼	动 （亲友之间）来往	是
走❽	动 通过	是
走❾	动 漏出；泄漏	是
走❿	动 改变或失去原样	是

表 2-13　"跑"的语素项

语素项	素　义	能否单用
跑❶	动 两只脚或四条腿迅速前进	是
跑❷	动 逃走	是
跑❸	动 〈方〉走	是
跑❹	动 为某种事务而奔走	是
跑❺	动 物体离开了应该在的位置	是
跑❻	动 液体因挥发而损耗	是

从《现汉》的释义内容来看，似乎"走"和"跑"只有 2 个同义语素项，即："走❶"="跑❸"；"走❷"="跑❶"。但我们再细看用例，"走❾"（漏出；泄漏）所附用例为"～气｜～风｜说～了嘴"，"跑❺"（物

体离开了应该在的位置)所附用例为"～电|～油|～气|信纸叫风给刮～了",在用例上比较接近,我们在逐个分析"走"和"跑"所构双音合成词时也发现:"跑电"、"走电";"走题"、"跑题";"走调ᵢ"、"跑调ᵢ"等都能通用。再看"跑❺"(液体因挥发而损耗)所附用例为"瓶子没盖严,汽油都～了",可以归为一种"漏出;泄漏"的现象。从词典用例和释义对应的情况来看,《现汉》在"跑"的义项划分和表述上似乎有改进的空间。因此,我们对"跑"的语素项进行了一些调整,把"跑❺"和"跑❻"的释义分别改为"漏出;泄漏"和"改变或失去原样或原来的位置",这样"跑❺"和"走❾"、"跑❻"和"走❿"也可视为同义语素项,"跑电"、"跑气"等词都可以归到"跑❺"下,而"跑调ᵢ"、"跑题"可以归到"跑❻"下。这样的调整,无论从词典编写的角度来说,还是从同义语素互参的角度来说,都是比较合适的。

这样一来,我们就为"走"和"跑"找出了4个同义语素项,它们构词的情况如下表所示:

表2-14 "跑"和"走"的同义语素项构词情况

序号	素义	语素	构词数	语素	构词数
1	两只脚或四条腿迅速前进	走	6	跑	22
2	人或鸟兽的脚交互向前移动	走	20	跑	0
3	漏出;泄漏	走	12	跑	2
4	改变或失去原样或原来的位置	走	10	跑	2

我们看到,"跑"和"走"的4个同义语素项,在构词能力上恰好呈现出此消彼长的互补状态。

第三节 语素项的构词位置与构词能力

语素项的语法类别和语义特征对其构词能力都有影响,那么语素项在词中的位置分布又呈现出什么样的特点?语素项构词位置特点与其构词能力及语法类别之间的关系如何?本节将展开论述。

一、语素项的语法类别与构词位置的关系

在我们所考察的 581 个语素项中,扣除构词数为 0 的 86 个语素项,剩余的 495 个语素项在词中的位置分布情况如下:

表 2-15　495 个语素项在词中的位置分布

	前位	后位	叠字词
构词数(个)	5245	6141	10
占总构词数的百分比	46.02%	53.89%	0.09%

总的看来,这 495 个语素项构词时,在词的前位和后位上出现的几率相差不远。如果把其中的 483 个句法性语素项和 12 个非句法性语素项分开来考察,位置分布的情况则有所不同。

如下表所示,非句法性语素项构词时,在词的后位上占绝对优势:

表 2-16　12 个非句法性语素项构词时的位置分布

	前位	后位	叠字词
构词数(个)	28	1378	0
占总构词数的百分比	1.99%	98.01%	0.00%

而句法性语素项构词时,总体上来看,在词的前位和后位上出现的频次相差不多,前位反而稍占优势,如下表所示:

表2-17 483个句法性语素项构词时的位置分布

	前位	后位	叠字词
构词数	5 217	4 763	10
占总构词数的百分比	52.22%	47.68%	0.10%

表面上看,句法性语素项构词时在前位和后位上出现的几率差不多,但实际上,句法性语素项中,语法类别不同的语素项在构词位置分布上呈现出不同的特点。其中句法性虚义语素项(助、连、介)的数量非常少,构词能力极弱,我们暂且不讨论。在句法性实义语素项中,语法类别不同的语素项构词位置分布的情况如下表所示:

表2-18 语法类别不同的语素项构词位置分布(仅限句法性实义语素项)

位置 语法类别	前位		后位		叠字词	
	构词数	百分比	构词数	百分比	构词数	百分比
名	2261	37.83%	3709	62.06%	6	0.10%
动	1391	65.86%	721	34.14%	0	0.00%
形	927	82.99%	190	17.01%	0	0.00%
副	342	95.26%	14	3.90%	3	0.84%
数	116	81.12%	26	18.18%	1	0.70%
量	13	25.49%	38	74.51%	0	0.00%
代	144	75.39%	47	24.61%	0	0.00%

从上表中,我们可以看出语素项的语法类别不同,构词时位置分布的特点也不同。名词性语素项、量词性语素项构词的优势位置在后位上;动词性、形容词性、数词性、代词性、副词性语素项构词的优势位置则是前位,尤其是副词性语素项,处于后位的几率非常低。

二、语素项的构词位置与构词能力之间的关系

那么语素项构词时的位置特点和构词能力之间是否有联系？有着怎么样的联系呢？叠字词的数量很少，我们暂时不考虑叠字词的情况，把语素项按构词时的位置特点分成以下5类：

(一)单居前位的语素项

有的语素项只能出现在双音合成词的前位上，我们称之为：单居前位的语素项。如：语素项"工¹❾"(精巧；精致)构成了"工巧"、"工细"、"工致"等7个词项，"工"在词中均居于前位。再如："花¹❾"(用来迷惑人的；不真实或不真诚的)构成了"花枪"、"花账"、"花头"、"花招"等8个词项，"花"在词中均居于前位。

(二)前位优势的语素项

有的语素项构词时既能出现在双音合成词的前位上，也能出现在它的后位上，但它出现在前位上的频率远远高于出现在后位上的频率，我们称之为：前位优势的语素项。前位优势需要在对比中确定，我们规定出现在双音合成词前位上的次数大于或等于总构词数2/3的语素项为前位优势语素项。如："长(cháng)❶"[两点之间的距离大(跟"短"相对)]共构成了"长寿"、"长途"、"长叹"、"冗长"等84个词项，其中"长"在前位上出现73次，在后位上仅出现11次，因此"长(cháng)❶"是前位优势的语素项。

(三)后位优势的语素项

有的语素项构词时既能出现在双音合成词的前位上，也能出现在它的后位上，但是出现在后位上的频率远远高于出现在前位上的频率，我们称之为：后位优势的语素项。后位优势也需要在对比中确定，我们把出现在后位上的次数大于或等于总构词数2/3的语素项称为后位优势语素项。如："子¹(zǐ)❻"(种子)构成了"菜

子"、"莲子"、"松子"、"子实"等19个词项,"子"在前位上仅出现4次,在后位上出现15次,因此"子¹(zǐ)❻"是后位优势的语素项。

(四)位置自由的语素项

有的语素项构词时出现在双音合成词前位和后位上的频率差不多,我们称之为:位置自由的语素项。我们把既能出现在前位上也能出现在后位上,且非前位优势或后位优势的语素项归入这一类。如:"气❷"(特指空气)共构成了"气温"、"气旋"、"透气"、"冷气"等45个词项,"气"在前位上出现22次,在后位上出现23次,我们把该语素项归为位置自由的语素项。

(五)单居后位的语素项

有的语素项只能出现在双音合成词的后位上,我们称之为:单居后位的语素项。如:语素项"色❷"(脸上表现的神情;神色)共构成了"惭色"、"愠色"、"饥色"、"喜色"等28个词项,"色"在词中均居于后位。

单居前位和单居后位的语素项构词时位置是固定不变的,我们称之为定位语素项,其余三种语素项是不定位语素项。

将语素项按构词位置的特点归类之后,我们统计了不同类别语素项的平均构词数,结果如下:

表2-19 位置特点不同的语素项平均构词数分析

语素项位置特点	单居前位	前位优势	位置自由	后位优势	单居后位
语素项数(个)	144	86	82	86	97
构词总数(个)	794	2956	3468	2238	1940
语素项平均构词数(个)	5.51	34.37	42.29	26.02	20.00

上表中显示的是495个语素项的位置情况,包括句法性语素项和非句法性语素项在内。非句法性语素项是十分特殊的一类,它们全都是定位语素项,要么单居前位(前缀),要么单居后位(后缀),且

它们中大部分的构词能力很强,这部分语素项的存在拉高了定位语素项的平均构词数。因此,我们排除掉非句法性语素项,单看句法性语素项的位置特点和平均构词数之间的关系,分析如下:

表 2-20　位置特点不同的句法性语素项平均构词数分析

语素项位置特点	单居前位	前位优势	位置自由	后位优势	单居后位
句法性语素项数(个)	143	86	82	86	86
构词总数(个)	766	2956	3468	2238	562
语素项平均构词数(个)	5.36	34.37	42.29	26.02	6.53

句法性定位语素项和不定位语素项的总数差不多,但从平均构词能力来看,不定位语素项的构词能力远远强于定位语素项,而且语素项在词中的位置越自由,其构词能力越强。单就句法性语素项而言,位置特点不同的语素项平均构词能力由强到弱依次为:位置自由的语素项＞前位优势的语素项＞后位优势的语素项＞单居后位的语素项＞单居前位的语素项。

以上是从平均构词数的角度得出的结论,我们再看位置特点不同的语素项在不同构词数区间内的分布情况:

表 2-21　位置特点不同的句法性语素项在不同构词数区间内的分布情况

构词数区间(个)	1～10	11～20	21～30	31～40	41～50	大于 50
单居前位的语素项数(个)	124	15	4	0	0	0
前位优势的语素项数(个)	33	19	9	8	2	15
位置自由的语素项数(个)	30	13	6	5	7	21
后位优势的语素项数(个)	23	25	9	11	7	11
单居后位的语素项数(个)	69	13	2	1	1	0

从句法性语素项在构词数不同区间内的分布情况来看,定位语素项的构词数一般都在 20 个以内,构词能力相对较弱,构词能

力最强的语素项多集中在不定位语素项中。这再次证明了不定位语素项的构词能力远强于定位语素项。

徐通锵(1998)先生认为"好"(hǎo)只能作离心辞的核心,起修饰后字的作用,"虑"只能作向心辞的核心,需要受与它组配的前字的修饰才能进入语句的结构。只能作离心辞核心的字,语义功能负荷大,组配能力强,运用灵活自由,而只能作向心辞核心的字,语义功能负荷比较小,位置固定,组配能力弱[①]。徐先生所说的"只能作离心辞核心的字"其实就是"单居前位"的,而"只能作向心辞核心的字"就是"单居后位"的。但从我们计量研究的结果来看,这一论断似乎不太准确,因为,这两种类型的语素项构词能力都不强,而且单居前位的语素项的构词能力比单居后位的语素项还要弱。

本章的研究结论是:不同语素项的构词频率不同。从语法类别的角度来看,语素项的构词能力随着其意义由实到虚不断减弱,名词性、动词性、形容词性语素项构词能力最强,介词性、助词性、连词性语素项的构词能力最弱。从语义组合的角度来看,素义内部各种限定性成分制约了语素项的构词能力;从语义聚合的角度来看,同/近义语素项之间在构词上存在着竞争和分工。语素项在词中的位置情况也影响着语素项的构词能力,位置自由的语素项构词能力最强,单居前位的语素项构词能力最弱。

---

① 徐通锵.语言论[M].长春:东北师范大学出版社,1997.

第三章 语素项的单用频率和自由度分析

第一节 语素项单用频率数据来源

上一章中,我们分析了语素项的语法类别、语义特点、构词位置等属性与语素项构词能力之间的关系。有的语素项既能作为合成词的建筑材料又能独立成词,因此我们探讨语素项的频率属性,不能只考虑语素项的构词频率,也要考察语素项独立成词时的使用情况,为了表述方便,我们称之为语素项的单用频率。单用频率是语素项在实际语料中独立成词使用的频率。以往的研究只关注语素的构词能力或者语素在不同义项上的结合能力,本书把语素项的构词频率和在语料中的单用频率这两种从语言事实中得出的数据联系起来进行研究,把对一个语素自由与否的判断落实到它所辖的各语素项上,并从自由度的角度对语素项的属性进行分析。

本研究中采用的语素项构词频率数据来源于自建的数据库,语素项单用频率数据则来源于厦门大学苏新春教授"汉语作为第二语言教材词语义项调查"课题组制作的"义项义频表",这是目前少数几个基于义频的计量研究成果之一。该课题所依托的语料限于汉语作为第二语言教材语料①,而不是通用平衡语料库。当然,基于大规模通用平衡语料库的调查数据能使我们的研究结果更加可靠,但条件所限,我们无法获取基于汉语通用平衡语料库的义频统计数据。对外汉语教材语料的范围虽然有一定的局限性,但教材语言通常比较规范,在此基础上统计得出的语素项单用频率数据具有一定的代表性,另一方面,我们也尝试通过适度的人工干预来弥补语料的不足。

我们自建的语素项属性库中,语素项的划分以《现汉》字头义为主要依据,在逐条分析词义与语素义关系的基础上,补充了个别语素项,能够比较客观地反映语素项构成双音合成词的实际情况(见第一章)。苏新春等建立的"义项义频表"基于第二语言教材语料库,目的在于研究词的义项在这些语料中实际应用的频率,义项的划分也以"现汉"为主要依据,并根据语料分析的结果,适当补充了个别义项,能够比较客观地反映词义的实际应用情况。本书所取的是"义项义频表"中与我们研究的50个素形相对应的单音词在各义项上的频率数据,即语素项单用时的频率数据,并把数据填入"语素项属性分析表"中的"语素项单用频次"一栏。

"义项义频表"所列的条目和我们原有的"语素项属性分析表"中语素项的条目稍有不同,因此我们首先要做一些调整工作。"义项义频表"是根据语素项在语料中单用的实际情况来添加条目的,如果一个语素项在语料中找不到单用的例子,表中就不列该语素项,因此,我们在填写"语素项单用频次"数据的时候,如果某个语

---

① 该语料库一共收了12套对外汉语教材的语料,总字符数为792976字。

素项无法在"义项义频表"中找到,其单用频次就记为0。对于我们的"语素项属性分析表"中没有收录,而"义项义频表"中独有的条目则需要作进一步分析,以便使两个表的语素项条目保持一致。"义项义频表"中独有的条目及其单用频次如下:

表3-1 "义项义频表"中独有的条目

序号	素形	释义内容	单用频率
1	子	棋子	23
2	大	姓	23
3	白	姓	15
4	得	拟声词,形容唱腔	6
5	老	记音,无意义	4
6	动	动物	3
7	天	闲天,指闲散的谈话	2
8	上	祭祀中给祖先或神灵点火烧香	2
9	水	游泳	1
10	天	姓	1
11	上	"上当"离合词的前半部分	1
12	行	指中国古代朴素哲学思想中对世界的划分	1
13	花	姓	1
14	气	围棋术语之一	1
15	白	白族的简称	1

我们立足于"语素项属性分析表"来看以上"义项义频表"中独有的条目,这些"溢出"条目的单用频率并不高,我们做以下处理:

第一,我们的"语素项属性分析表"中,排除了所有作为姓的条目,因此,这里的"白"、"大"、"天"、"花"等作为姓氏使用的条目可以直接剔除。

第二，专有名词"气"(围棋术语之一)、"白"(白族的简称),用于记音的词"得"(拟声词,形容唱腔)、"老"(记音,无意义)等,使用频率不高,没有太大的研究价值,为了保持两个表的统一性,这些条目也可以去掉。

第三，"天"(闲天,指闲散的谈话)和"上"("上当"离合词的前半部分)这两条,我们认为是离合词的组成部分,不应看作是单音词,可以去掉。

第四，"动"(动物)和"行"(指中国古代朴素哲学思想中对世界的划分)都属古义,研究价值不大,这两个条目也可以去掉。"水"(游泳)也是古义,现留存在方言口语中,且使用频率也不高,不具有普遍性,可以去掉。

第五，"上"(祭祀中给祖先或神灵点火烧香)有"进呈、奉献"之义,可以作为一个变体归并到"上²❸"(向上级呈递)这一语素项下。"子"(棋子)则可以归并到"子²❿"(小而坚硬的块状物或粒状物)这一语素项下。

这样处理完之后,两个表中的语素项条目就统一了,在此基础上才能展开后续的研究。

第二节 语素项自由度的判断

一、关于"自由"和"黏着"的讨论

以往对于语素"自由"和"黏着"的问题讨论得比较多,但是各家为"自由"、"黏(粘)着"所下的定义不同,术语不统一,分类标准

也有些混乱。

多数学者采用的是二分法,根据语素"能否单说"、"能否单用"或"能否独立成词"把语素分为"自由语素/黏(粘)着语素"(吕叔湘,1962a;朱德熙,1982;赵元任,1968/2002);"成词语素/不成词语素"(朱德熙,1982;史有为,1987);"独立语素/不独立语素"(尹斌庸,1984);"可成词词素/非词词素"(葛本仪,2001)。

各家对所谓"单说"、"单用"的表述不同,赵元任(1968)认为"能单独说的是自由形式……总是跟另一个语素一块儿说,并且中间无停顿的,是粘着形式",这里的"能单独说"应指能独立成词,可见,他划分自由/粘着采用的是成词标准。朱德熙(1982)坚持了布龙菲尔德的立场,把"能够单独成句"的语素叫自由语素,"不能单独成句"的语素叫粘着语素,可见他划分自由/粘着采用的是成句标准。我们认为,正如胡裕树(1979/2003)先生所言"语素不能直接充当句法成分,语素构成词以后,才能充当句法成分"[①],用能否"单独成句"来判断语素自由与否,混淆了词法和句法两个层面的研究对象。语素只有作为单音词时,才可能单独成句。实际上,无论表述为"单说"还是"单用",从本质上来说都是构词的问题,语素能否独立成词是判断"自由"、"黏(粘)着"的一般标准。

还有个别学者同样用"自由"、"粘着"这对术语,但分类的角度却完全不同,如:周一农(1986)以"活动能量的大小为依据",把语素分为自由语素、粘着语素,"自由语素以其在组合过程中的不定位为标志","粘着语素的标志是组词成句位置的不可移动性"[②],也就是说,这里所谓"自由""粘着"的区别,不是成词与否的区别,而是定位与否的区别。

---

① 胡裕树主编. 现代汉语[M]. 上海:上海教育出版社,1979 第 1 版,2003 重订本.
② 周一农. 论语素的分类[J]. 丽水师专学报,1986(3~4).

还有些学者提出的是三分法,如"自由/半自由/不自由"(黄伯荣、廖序东,1979/1997;张志公,1981;徐枢,1990;张斌,2002),"自由/半粘着/粘着"(杨锡彭,2003);"自由/半自由/黏着"(董秀芳,2004)等等。与二分法相比,三分法的情况要更复杂一些,各家定义的"半自由"或"半黏着"所指并不同,对语素进行三分的标准也不相同。

吕叔湘(1962a)的"半自由语素"指的是"能单用不能单说"的形式;黄伯荣、廖序东(1979/1997)、张志公(1981)、徐枢(1990)则把能否独立成词和是否定位两个分类标准混用,把能够独立成词的语素叫自由语素,不能独立成词且构词时位置不固定的叫半自由语素,不能独立成词且构词时位置固定的称为不自由语素。张斌(2002)的三分法则坚持了成词标准,认为"自由语素是既能够独立成词,又能同别的语素自由构词的语素……不能独立成词,只能同别的语素组合成词的语素叫不自由语素(又叫粘着语素)……能够独立成词,但一般不能同别的语素构成合成词的单音节语素,尤其是一些表示语气和感叹的语素,可以称之为半自由语素。"[①]也就是说,他把"吗"、"吧"这样的语素归为"半自由语素"。同样是以构词情况作为划分标准,董秀芳(2004)认为"有一些单音节语素在古汉语里本是可以自由运用的词,到现代汉语中已经不能再单用,但却在某些句法过程中相当活跃,似乎同时活动于词法与句法层面,处于自由语素同黏着语素之间的过渡阶段……我们将这种语素称为'半自由语素'"[②]。她把"趋"、"校"等归为"半自由语素"。这样对比起来,张斌的"半自由语素"指的是多数情况下单用的语素,而董秀芳的"半自由语素"恰恰相反,指的是多数情况下不能单用,在

[①] 张斌.新编现代汉语[M].上海:复旦大学出版社,2002.
[②] 董秀芳.汉语的词库与词法[M].北京:北京大学出版社,2004.

特定条件下才能单用的语素,与杨锡彭(2003)定义的"半粘着语素"接近。可见,即便都采用成词标准,"半自由语素"的所指仍然不同。

"自由"、"黏(粘)着"术语的混乱、分类标准的不统一,其根源在于对"自由"一词的认识不统一,有的学者认为"自由"是指能独立成词,可在句中自由运用,有的则把"自由"理解为构词位置的任意性。本书对"自由"的认识接近于前者,但又有所区别。我们以构词时受到其他语素项束缚的程度作为衡量语素项"自由度"的标准,实质上是沿用了成词标准来判断语素项的自由度。只能构成双音合成词的语素项必须与其他语素项结合才能运用到句中,受到其他语素项束缚的程度最高,自由度最低;只能构成单音词的语素项总是可以直接运用到句中,受到其他语素项束缚的程度最低,自由度最高。

本书对于自由度问题的研究有三个方面的突破,一是突破了把一个语素作为一个整体来研究的局限,把对自由度的研究落实到不同的语素项上。二是抓住"自由"问题研究的实质,把所谓"自由/半自由/不自由"或"自由/黏(粘)着"的研究还原为对语素项构成单音词和合成词情况的研究,把语素项分为"A 只能构词[①]/B 多用于构词/C 单用兼构词/D 多为单用/E 只能单用"5 类。三是在方法上突破了单凭语感和少量例子来判断"自由"与否的局限,第一次利用频率统计数据来进行自由度问题的研究,以语素项的构词频率和单用频率数据作为研究的依据,真正做到从语言事实出发来判断和研究语素项的自由度问题。

[①] "只能构词"、"多用于构词"、"单用兼构词"等中的"构词"指的是构成双音合成词,下同。

二、语素项自由度分类

语素项构词频率反映的是语素项构成合成词使用的情况,语素项单用频率反映的是语素项构成单音词独立使用的情况,我们对比同一语素项的构词频率数据和单用频率数据[①],发现它们之间存在以下几种关系:

第一,语素项只能构词,单用频次为0。

第二,语素项有一定的构词能力,也能单用,但单用频次极低。

第三,语素项单用的情况和构词的情况比较平衡。

第四,语素项有一定的单用频次,也能构词,但构词频次极低。

第五,语素项只能单用,构词次数为0。

以素形"老"为例:排除作为姓氏的情况,"老"一共有16个语素项,他们的构词情况和单用情况如下表所示:

表3-2 "老"各语素项的构词频率和单用频率

语素项	素义	语素项构词次数(次)	语素项构词百分比[②]	语素项单用次数(次)	语素项单用百分比
老❶	年岁大(跟"少、幼"相对)	61	41.22%	193	66.32%
老❷	老年人(多用作尊称)	12	8.11%	2	0.69%
老❸	婉辞,指人死(多指老人,必带"了")	0	0.00%	0	0.00%
老❹	对某些方面富有经验;老练	9	6.08%	2	0.69%

---

① 如果能够获取语素在同一个大规模封闭语料库内的单用频次和构成合成词使用频次的统计数据,我们对于语素项自由度的判断会更容易、更准确。遗憾的是,本研究尚无法做到这一点。

② 这里的语素项构词百分比指的是这一语素项所构的词占这一素形所有语素项构词数的百分比,语素项单用百分比指的是这一语素项的单用次数占这个素形所有语素项单用次数的百分比。

续表

语素项	素义	语素项构词次数（次）	语素项构词百分比②	语素项单用次数（次）	语素项单用百分比
老❺	很久以前就存在的（跟"新"相对，下⑥同）	21	14.19%	39	13.40%
老❻	陈旧	6	4.05%	11	3.78%
老❼	原来的	8	5.41%	16	5.50%
老❽	（蔬菜）长得过了适口的时期（跟"嫩"相对，下⑨同）	0	0.00%	3	1.03%
老❾	（食物）火候大	0	0.00%	0	0.00%
老❿	（某些高分子化合物）变质	1	0.68%	0	0.00%
老⓫	（某些颜色）深	0	0.00%	0	0.00%
老⓬	很久	0	0.00%	4	1.37%
老⓭	经常	1	0.68%	15	5.15%
老⓮	很；极	1	0.68%	6	2.06%
老⓯	排行在末了的	0	0.00%	0	0.00%
老⓰	前缀，用于称人、排行次序、某些动植物名	28	18.92%	0	0.00%
总　　计		148	100%	291	100%

根据构词和单用的情况，"老"的语素项首先可以分为三种类型：Ⅰ.特别活跃型。Ⅱ.一般活跃型。Ⅲ.极不活跃型。Ⅰ类，如："老❶"在构词和单用上表现都非常突出，在对外汉语教学中具有很高的学习价值；Ⅱ类，如："老❺"，单用频率和构词能力都处于中等位置，可安排在稍微靠后的阶段学习。至于Ⅲ类语素项，构词频率和单用频率都很低，甚至为0，如："老❸"、"老❾"、"老⓫"、"老⓯"等等，构词频率和单用频率都为0，可以排除在对外汉语教学的范围外。

构词和单用频率都为0的语素项在现代汉语中没有活力，我们暂不讨论,其他语素项的自由度则可依据其构词频率数据和单用频率数据来判断。我们认为,只能构词和只能单用的语素项是两个极端,大部分语素项处在中间状态,有的语素项单用频率和构词频率差不多,有的偏向单用,有的偏向构词。我们还是以"老"为例尝试根据构词频率数据和单用频率数据,把语素项按自由度由弱到强分为5类,即以下A、B、C、D、E类:

(一)A类:只能构词的语素项

这类语素项能够参与构成合成词,但是作为单音词使用的频率为0,必须与其他语素项组合才能运用到句中,受到其他语素项束缚的程度最高,自由度最低。如:"老❿"、"老⓰"。

(二)B类:多用于构词的语素项

这类语素项能够参与构成合成词,也能作为单音词使用,但它们的单用频次极低,在语料中多以合成词构成成分的面貌出现。如:"老❷"、"老❹",有单用的可能性,但是单用频率是极低的,自由度很弱。

(三)C类:单用兼构词的语素项

这类语素项的单用频率和构词频率基本对称,没有哪个频率值特别低。在语料中可能以合成词构成成分的面貌出现,也可能以单音词的面貌出现。如:"老❶"、"老❺"、"老❻"、"老❼",构词和单用能力基本上是平衡的。

(四)D类:多为单用的语素项

这类语素项能够构词也能单用,但是它们的构词能力很弱,在语料中多以单音词的面貌出现。如:"老⓭"、"老⓮"可以构词,但是构词频率极低,一般情况下是单用的,我们把这两个语素项归入"多为单用"的范围内。

(五)E类:只能单用的语素项

这类语素项只能单用,构词频率为0,不需与其他语素项捆绑在一起就能入句,自由度最高。如:"老❽"、"老⓬"能够单用,构词频率却为0。

这5类语素项,自由度由弱到强,可以用下图来表示:

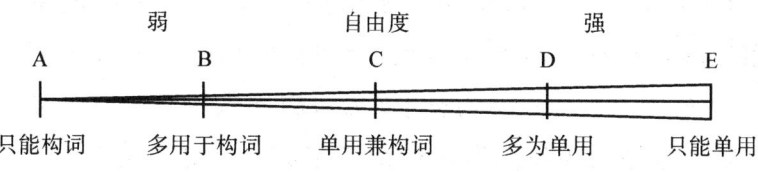

图3-1　5类语素项的自由度

需要特别说明的是:我们采用的数据是对共时语料进行分析后得到的,因此,这里的自由度指的是语素项在共时平面上表现出的自由度。另外,考虑到语料局限的问题,在依据两种频率对语素项自由度进行归类之后,我们还进行了一定程度的人工干预,主要是针对单用频率数据为0的语素项进行了一些干预。

有个别语素项不是绝对不能单用,而是单用频率很低,只有在语料规模足够大的情况下才能找到它单用的例子。如:"分(fèn)¹❸"(情分;情谊),构词数为2,单用频率数据为0,这时我们不能简单地判断"分(fèn)¹❸"是A类(只能构词的)语素项,而是根据补充语料①如:"安德鲁,看在上帝的分上,叫个外科医生来吧!",把"分(fèn)¹❸"修正为B类(多用于构词的)语素项。

有个别语素项现有的单用频率数据为0,但并不是绝对不能单用,而是只在有限语体中单用。如:"头❻"[(～儿)头目]构词数为11,现有单用频率数据为0,原因大概是我们所用的语料库多局限于书面语语料,该语素项在口语中确实能够单用,我们在补充语料中找到了这样的例子:"头儿变了、机制变了、产品变了,这回我们才

---

① 补充了检索国家语委通用平衡语料库后得出的结果。

看到了希望。"因此不能简单地认为"头❻"是 A 类（只能构词的）语素项，我们根据补充调查的结果把它修正为 B 类（多用于构词的）语素项。

有的语素项在一般语域中不单用，在科学语域中能单用，如："力❶"（物体之间的相互作用，是使物体获得加速度和发生形变的外因。力有三个要素，即力的大小、方向和作用点），构词数为 38，现有单用频率数据为 0，这是因为我们所用的语料多在一般语域范围内，"力❶"在科学语域中是能单用的，我们在补充语料中找到了这样的例子："需要注意的是，一个力的存在与否，与受力体及施力体是否单一无关。"因此，我们也把"力❶"调整归入 B 类（多用于构词的）语素项中。

第三节　语素项自由度分析

一、语素项自由度和构词能力之间的关系

语素项的构词能力是否和自由度有关？是不是自由度越低的语素项构成合成词能力就越强呢？我们首先考察了自由度不同的语素项的平均构词数。

581 个语素项中，扣除 46 个构词频率和单用频率均为 0 的语素项，其余 535 个语素项的自由度及平均构词数的关系如下面的图表所示：

第三章 语素项的单用频率和自由度分析

表3-3 535个语素项自由度与平均构词数的关系

自由度	A只能构词	B多用于构词	C单用兼构词	D多为单用	E只能单用
语素项数	169	110	142	74	40
语素项数占535个语素项的百分比	31.59%	20.56%	26.54%	13.83%	7.48%
语素项总构词数	2741	2424	5999	232	0
语素项平均构词数	16.22	22.04	42.25	3.14	0.00

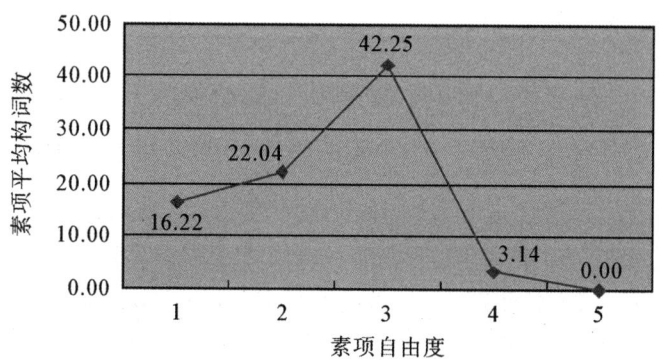

图3-2 535个语素项自由度与平均构词数关系折线图

我们注意到,A类(只能构词的)和B类(多用于构词的)语素项,它们的主要功能是构成合成词,但构词能力却不是太突出。A类语素项中有12个非句法性语素项,它们的构词能力一般较强,从而拉高了A类语素项的平均构词数,实际上,如果我们单看句法性语素项,A类中的其余157个语素项平均构词数只有8.50个。

从构词平均数来看,C类(单用兼构词的)语素项构词能力是最强的,平均构词数高达42.25个。D类(多为单用的)语素项和E类(只能单用的)语素项,它们的主要任务是作为单音词来使用,构词能力自然很弱。

平均构词数只能反映一个大概的趋势,我们再来看看自由度不同的语素项在构词数不同区间内分布的情况:

表 3-4　535 个语素项的构词能力分布

自由度 \ 构词数（个）	0	1～10	11～20	21～30	31～40	41～50	50 以上
A 只能构词语素项数	0	117	34	7	5	1	5
B 多用于构词语素项数	0	38	28	13	14	9	8
C 单用兼构语素项数	0	55	24	11	7	7	38
D 多为单用语素项数	0	73	1	0	0	0	0
E 只能单用语素项数	40	0	0	0	0	0	0

我们为 A、B、C、D 四类语素项分别绘制了构词能力散点分布图，以便更直观地对这四类语素项的构词能力进行对比：

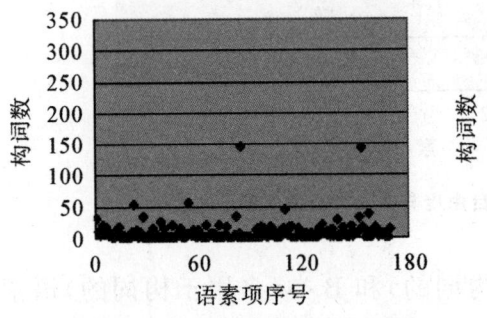

图 3-3　A 类语素项构词能力分布图　　图 3-4　B 类语素项构词能力分布图

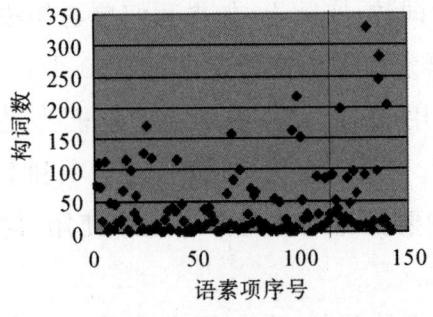

图 3-5　C 类语素项构词能力分布图　　图 3-6　D 类语素项构词能力分布图

对比散点图,结合表格数据,我们得出的结论是:

A类(只能构词的)语素项的唯一功能是构成合成词,但它们中大部分构词数不超过30个,构词能力一般不突出,只有极个别语素项(主要是词缀)的构词数在30个以上。B类(多用于构词的)语素项在不同区间内分布得比较均匀,它们的构词能力显然比A类语素项要强一些。C类(单用兼构词的)语素项最为活跃,其中有超过1/3的语素项构词能力很强,构词数在30个以上,有26.76%的语素项构词数在50个以上,纵向来看,构词能力最强的语素项大部分集中在C类。D类(多为单用的)语素项的构词能力都很弱。

总的来说,无论从构词平均数来看,还是从语素项在各区间的分布情况来看,C类语素项的构词能力都处于最高点。从A类(只能构词)——B类(多用于构词)——C类(单用兼构词),语素项的自由度和构词能力是成正比的,自由度越高,构词能力也越强,越过C类语素项这个分水岭之后,情况发生了逆转,语素项的构词能力陡降,从C类——D类——E类,语素项的自由度和构词能力是成反比的,自由度越高,构词能力越弱。

二、语素项的单用频次和自由度的关系

那么,是不是语素项的自由度越高,单用频次就越高呢?我们统计了自由度不同的语素项单用频次的情况,结果如下:

表3-5　535个语素项自由度与平均单用次数的关系

自由度	A 只能构词	B 多用于构词	C 单用兼构词	D 多为单用	E 只能单用
语素项数	169	110	142	74	40
单用次数	0	321	25811	5081	4179
语素项平均单用次数	0	2.92	181.77	68.66	104.48

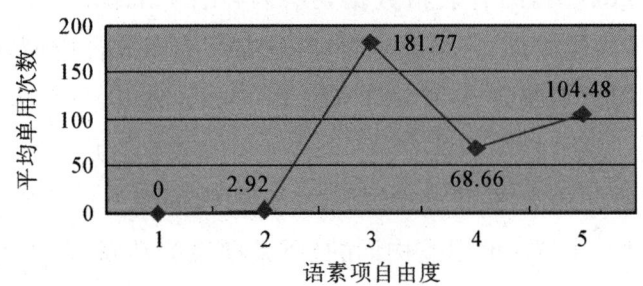

图3-7 535个语素项自由度与平均单用次数的关系折线图

从语素项的自由度和平均单用次数的关系来看：

C类（单用兼构词的）语素项平均单用频次最高，E类（只能单用的）和D类（多为单用的）语素项平均单用频次也较高。平均数可能掩盖语素项单用频次之间的具体差别，如果我们把自由度不同的语素项按单用频次分为几个区间来考察（见表3-6），就会发现，有80.00%的E类语素项单用频次集中在0～20次这个区间内，也就是说绝大多数只能单用的语素项在语料中的使用频次其实是较低的，这类语素项中只有3个[①]单用频次非常高，从而拉高了此类语素项单用频次的平均值。

表3-6 B、C、D、E类语素项单用频次分布

单用频次（次）	0～20	21～40	41～60	61～80	81～100	100以上
B多用于构词的语素项（个）	110	0	0	0	0	0
C单用兼构词的语素项（个）	71	19	10	9	8	25
D多为单用的语素项（个）	44	9	0	6	2	13
E只能单用的语素项（个）	32	2	3	0	0	3

---

① 分别为"来¹❺"（用在另一动词前面，表示要做某件事）单用频次为445次，"地(de)"（表示它前边的词或词组是状语）单用频次为1858次，"得(de)❸"（用在动词或形容词后面，连接表示结果或程度的补语）单用频次为1590次。

综合平均单用次数和语素项在单用频次不同区间内分布的结果来看：C类（单用兼构词的）语素项单用频次远远超过其他语素项，从C类（单用兼构词）——D类（多为单用）——E类（只能单用），语素项的自由度和单用频次成反比，即自由度递增，单用频次递减，越过C类语素项这个分水岭之后，情况发生了逆转，从C类——B类——A类，语素项的自由度和单用频次成正比，即自由度递减，单用频次也递减。

综合以上构词和单用频率方面的分析，我们认为C类（单用兼构词的）语素项无论在构词能力上还是在单用频次上都远远高于其他语素项。一个句法性语素项若只能用于构词，它的构词能力反而受限，若只能单用，它的单用频次一般也不会特别高，既能构词又能单用的语素项在现代汉语中才是最活跃的。

我们又根据《现汉》的分素法，以语素为单位，把71个多义语素的语素项按构词频率和单用频率的高低进行排序，发现其中有44个语素（占多义语素的61.97%）构词频率和单用频率最高的语素项是同一个，也就是说，在这44个语素中，最能产的语素项同时也是单用频率最高的语素项。可见，语素项构成合成词和作为单音词使用的功能并非互相排斥，而是互相促进的。

三、语义意义（词汇意义）、语法意义与语素项自由度的关系

那么语素项的自由度和它的语义意义（词汇意义）、语法意义之间又有着什么样的关系呢？我们通过考察语素项自由度和语法类别的关系来尝试解决这个问题：

表 3-7 语素项的自由度和语法类别的关系

语法类别 \ 自由度	A 只能构词的语素项(个)	B 多用于构词的语素项(个)	C 单用兼构词的语素项(个)	D 多为单用的语素项(个)	E 只能单用的语素项(个)
名	92	69	45	13	4
动	25	22	70	37	18
形	27	10	17	2	1
副	11	4	5	7	8
数	1	3	2	3	
量				9	3
代		1	1		
介			1	1	
连				1	
助	1	1	1	1	6
词缀 前缀	1				
词缀 后缀	11				

　　从 A 类(只能构词的)语素项到 C 类(单用兼构词的)语素项,名、动、形三类的比重最大,这三类语素项的语义意义(词汇意义)强、语法意义弱。从语义意义(词汇意义)的角度来看,只能构词的句法性语素项,其素义大多是从一组词中抽象概括出来的,对于词义的依赖程度较高,离开了词的环境,素义就难以把握,这就是语义清晰度低的表现,这正是此类语素项构词能力不高的原因之一。我们注意到,从 A 类(只能构词)——B 类(多用于构词)——C 类(单用兼构词),语素项的语义意义(词汇意义)越来越独立,对其他语素项在语义组合上的依赖程度越来越低,也就是说语素项的语义清晰度越来越高,这也正是 C 类语素项构词能力最强的原因之一。

C类语素项是一个"分水岭",对照表格,我们发现,从C类(单用兼构词)——D类(多为单用)——E类(只能单用),虚义语素项的比重逐渐增加,而实义语素项中,名、动、形三类的数量减少,量、副类语素项的比重逐渐增加。虚义语素项和量、副等实义语素项的语法意义较强,语义意义(词汇意义)弱,在语义意义(词汇意义)微弱的情况下,素义的清晰度自然也就比较低,这是D类和E类语素项构词能力弱的原因之一。

　　从语义意义(词汇意义)和语法意义两个方面来看,我们认为:对于句法性语素项而言,语素项自由度越低,则语义意义(词汇意义)越突出,对其他语素项在语义意义(词汇意义)上的依赖性越强,往往需要通过一组同素①词来明确素义;另一方面,语素项自由度越高,则语法意义越突出,对其他语素项或词在语法意义上的依赖性越强,需要通过归纳语素项与语素项或词与词的语法关系来明确素义。C类(单用兼构词的)语素项的语义意义(词汇意义)和语法意义之间达成了一种平衡,因而构词能力最强,单用频率也最高。

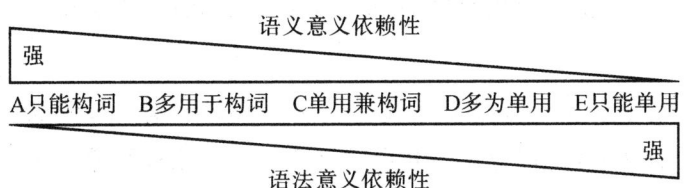

图3-8　语素项自由度和语义意义(词汇意义)、语法意义之间的关系

---

① 本书中"同素词"特指由同一个语素项构成的词。

第四节　语素项自由度属性在对外汉语教学中的应用

吕文华(2000)曾经指出"合成和分解是落实语素教学的主要方法。合成是将构词能力强、能产性高的单音节成词语素显现出来,以它为共同词根合成若干个词……分解是将复合词分解为语素,将其中含有常用构词成分的语素分解出来进行教学"[1]。这段论述提示了语素教学在方法上应解决的两个问题,第一个问题是:语素项应先作为单音词教学,还是先进行合成词整词教学,再从中抽象出素义,用于其他合成词的教学。即先分后合"从素到词",还是先合后分"由词及素,再推及词"。第二个问题是:什么样的语素项可以采用"生成"型的合成教学方法;什么样的语素项只能采用"分析"型的分解教学法。

本章对于语素项自由度的分析可以帮助我们解决第一个问题,第二个问题我们将在第四章中,用对语素项的显义度分析来解决。

邢红兵(2006)曾经结合语素单用和构词两方面的属性,将《词汇大纲》涉及的语素分为"单用语素"、"自由语素"和"粘着语素"[2]三类。认为"单用语素"在合成词的学习过程中所起的作用有限。

---

[1] 吕文华.建立语素教学的构想[C]//第六届国际汉语教学讨论会论文选.北京:北京大学出版社,2000.

[2] 邢红兵所说的"单用语素"是指在"等级词汇"范围内只能单独成词,不参与构词的语素。"自由语素"是指在"等级词汇"范围内可以单独成词也可以参与构词的语素。"粘着语素"是指在"等级词汇"范围内只能参与构词、不能单独成词的语素。见:邢红兵.《〈汉语水平〉词汇等级大纲》双音合成词语素统计分析[J].世界汉语教学,2006(3).

"自由语素"意义相对独立,特别是独立成词的用法出现在甲级的语素对合成词的学习会更有用。"粘着语素"可独立能力差,必须依靠该语素组成的词语来学习。邢红兵所说的语素是不同义项上的语素,和我们所说的语素项在实质上是相同的。

语素项的自由度不同,在构词和单用方面呈现出不同的特点,在对外汉语教学的不同阶段,我们应该针对这些特点采取不同的教学策略。邢红兵的三分法是把单用和粘着分为两极,其他全部归到"自由语素"这个类别中。在我们所考察的535个语素项中,A、B两类,即处于只能构词或只能单用这两端上的语素项只占39.07%,其余60.93%的语素项则集中在中间区域。我们认为在这个中间区域中,还可以分出B(多用于构词)、C(单用兼构词)和D(多为单用)3类,针对自由度不同的语素项,我们应采取不同的教学策略:

一、针对A类(只能构词的)语素项应采取的教学策略

这类语素项只能作为词的组成部分出现,不能单用,其中既有非句法性语素项,即词缀,也有句法性语素项。非句法性语素项在词中基本不表义,构词位置固定。如:作为后缀的"子"、"头",作为前缀的"老"等等,这类语素项对于合成词而言只有结构上的功能,几乎没有意义上的贡献,我们可以在学习完一定数量的由它们参与构成的合成词之后稍作归纳。至于只能构词的句法性语素项,它们在词中有一定的表义作用,但此类语素项的语义往往是从一组词中抽象概括出来的,较为模糊,宜在词中学习而不宜单独讲授,如:"行(háng)❹"(某些营业机构:商～|银～|车～),"色(sè)❺"(物品的质量:货～|各～各样)"风❻"(景象:～景|～光)等等。我们认为,对于只能构词的语素项,素义的获得应是"由词及素",应采取

的教学方法是在学习一定数量的同素词之后,总结归纳语素项的素义和作用,从而帮助习得新出现的合成词。

二、针对 B 类(多用于构词的)语素项应采取的教学策略

这类语素项在现代汉语中主要作为合成词的构成成分出现,偶尔作为单音词使用,它们中大部分的语义意义(词汇意义)比较模糊,对于此类语素项,也宜采用先合后分,即"由词及素,再推及词"的教学方式,从已知词义推出语素义,促进理解新出现的词义,如:"面¹❸"(物体的表面,有时特指某些物体的上部的一层:水~|地~|路~|圆桌~ₙ|~ₙ磨得很光),"面¹❸"含元较多,语义相对模糊,用目的语直接解释起来十分费力,如果用先合后分的方法,先图示"桌面"、"地面"等词,不明说其中"面"的意义,而是通过暗示这些词的共同特征让学生对"面"的素义产生一种模糊而相对独立的认识,遇到"路面"、"水面"、"海面"等词时,就能温故而知新。

B 类中偶有个别语素项的素义较为清晰,所指的是核心概念,我们也可以采用先分后合,"从素到词"的方式来教学,如:"体(tǐ)❶"(身体,有时指身体的一部分),该语素项在现代汉语中构词能力很强,构成了 55 个双音合成词,但独立成词使用的情况较少。"身体"属于人类最常用、使用面最广的概念之一,讲授和理解起来都非常容易,在这种情况下,我们可以直接介绍"体(tǐ)❶"的意义,让学生对该语素项的语义有一个清晰的认识,再由素义推进到词义的学习。

总的来说,B 类语素项的构词频率较高,单用频次很低,学习这些语素项的目的主要在于解释和分析词义,帮助学生建立语素意识,短时间内迅速扩大词汇量,提高词汇学习的效率,教学中基本可以忽略它们作为单音词来使用的情况,绝大部分应采用"词—

素—词"的教学方法。此类语素项学习的难点主要在于同素词之间的辨析。

三、针对C类(单用兼构词的)语素项应采取的教学策略

这类语素项构词和单用的能力差不多,如果它们的构词和单用频率都很低,基本可以排除在对外汉语教学的范围之外;如果它们的构词和单用频率都很高,则是对外汉语教学初级阶段最有学习价值的语素项;其余语素项可以根据具体的频率数据和难度值分配到其他各教学阶段中学习。

大部分C类语素项的语义相对清晰,不需要放在语义组合中来说明,适合采用先分后合,即"从素到词"的教学策略,尤其是构词和单用频率"双高"的语素项。如:"白^{1}❶"[像霜或雪的颜色(跟"黑"相对)],"长(cháng)❶"[两点之间的距离大(跟"短相对")],"大(dà)❶"[在体积、面积、数量、力量、强度等方面超过一般或超过所比较的对象(跟"小"相对)],"人❶"(能制造工具并使用工具进行劳动的高等动物)等语素项,在初级阶段既是必学的核心词,又是非常高产的构词语素项。先介绍素义,再利用素义推及词义,将极大地提高学习效率。

"双高"C类语素项既能构词又能单用,意义相对独立,常为核心概念,使用面比较广,易教易学,但在教学过程中也应该注意与这些特点相关的偏误,有针对性地采取措施:

第一,生造词的问题,学生在轻松掌握某个"双高"C类语素项的意义并成功推出由它所构的一些合成词词义之后,对于该语素的能产性印象深刻,在遇到新概念时,常常会用它造出些汉语中不存在的词。这种情况的发生和教师的引导方式有很大关系,有些老师总用"A+B=AB"的方法来展示新词,给学生留下语素和语素

组合就能成词的错误印象。语素教学法的目的主要是在词汇的理解和记忆方面提高学习效率,而不是鼓励学生任意造词。举例时应有针对性地轮换使用"A+B=AB"的合成法和"AB→A 和 B"的分解法,至于什么语素项适合用合成法,什么语素项只能用分解法,则要看语素项构词时的显义度,我们在第四章中有具体的说明。

第二,"双高"C类语素项的意义相对独立,在述宾、述补、主谓式动词或形容词中,如果另一语素项也能独立成词,这个合成词往往处于词和语的中间过渡地带,很可能具有离合特征,如:"手❶"(人体上肢前端能拿东西的部分),语义清晰,属于常用概念,作为单音词极易掌握,它共构成了 98 个述宾、主谓式动词或形容词,其中有 72 个被《现汉》视为离合词①,如"动手"、"放手"、"甩手"、"插手"、"握手"、"分手"、"手慢"、"手生"、"手巧"等等。离合词是留学生学习的一个难点,"双高"C类语素项的语义清晰,掌握语义容易,但掌握离合用法难,因而容易产生"我是在桂林分手我的朋友的"②这样的偏误。单用兼构词的语素项参与构成的合成词中往往集中了很多离合词,深入研究这类语素项的构词特点,将有助于避免偏误,促进离合词的教学。

第三,"双高"C类语素项构词和单用频率都很高,学生可能会混淆语素项单用和构词的用法,产生"同语素近义单——双音词"类型的偏误③,表现为:该用单音词时误用了由该语素项构成的同/近义双音词,或该用双音词时误用了由该语素项构成的单音词。

---

① 《现汉》在注音时标注了"//"符号的为离合词。
② 该句例借自杨庆蕙.对外汉语教学中"离合词"的处理问题[C]//第四届国际汉语教学讨论会论文选.北京:北京语言学院出版社,1993.
③ 朱志平.汉语双音复合词属性研究[M].北京:北京大学出版社,2005.

在学习的一定阶段要注意归纳和总结,对由"双高"C类语素项构成的单音词和同/近义双音词进行辨析。

四、针对D类(多为单用的)语素项应采取的教学策略

这类语素项构词能力很弱,基本可以把它们当成单音词来教学,着重强调其在句中的搭配信息和语素项的语法意义。遇到个别由该语素项构成的合成词,可采用整词教学法,整体介绍词义而不必刻意强调语素项的意义和用法。

五、针对E类(只能单用的)语素项应采取的教学策略

这类语素项不能构成合成词,可完全归入单音词教学的范围内。此类语素项单用的频次往往也不高,教学中要注意进行取舍,而且它们中大部分语素项的词汇意义弱而语法意义强,需要在语法教学中掌握。

本章的分析中,根据构词频率和单用频率的对比情况,我们可以将语素项分为:A只能构词、B多用于构词、C单用兼构词、D多为单用、E只能单用5类。C类语素项无论在构词能力上还是在单用频次上都远远高于其他语素项。一个句法性语素项若只能用于构词,它的构词能力反而受限;若只能单用,它的单用频次一般也不高,既能构词又能单用的语素项在现代汉语中才是最活跃的。

对于句法性语素项而言,语素项自由度越低,则语义意义(词汇意义)越突出,对其他语素项在语义意义(词汇意义)上的依赖性越强,需要通过一组同素词来明确素义;语素项自由度越高,则语法意义越突出,对其他语素项或词在语法意义上的依赖性越强,需要通过归纳语素项与语素项或词与词的语法关系来明确素义。C类语素项的语义意义(词汇意义)和语法意义达成了一种平衡,因

而构词能力最强。

在对外汉语教学中,对于 A、B 两类语素项,大部分宜采用从合到分"由词及素,再推及词"的教学方法;对于构词和单用频率"双高"C 类语素项,宜采用"从素到词"的教学方法;D、E 两类语素项则可作为单音词来教学,不必专门去强调语素项构词时的用法。

第四章 语素项显义度分析

我们研究语素,提倡"语素教学法",是希望能在语素(字)和词中间搭一座桥,找到一条"字词直通"、形式和内容直通的捷径。研究语素项属性,不仅仅是语素层面上的事,还必须考虑到语素是如何结合成为词的。苏宝荣(1999)曾指出"同一语素,其独立成词与构成双音复合词时的表义功能,也总会有或明或暗、或大或小的变化",[①]从语素学习的角度来说,由某一语素义推知词义的难度有多大?不同语素项构成的词项在语义透明度方面是否有一些区别?本章将尝试从这个角度做一些量化研究。

无论是认知心理学方面关于语义透明度效应的研究,还是词汇学方面关于语素义与词义关系的研究,都很少涉及语素的多义问题,其实,词义与语素义关系的判断所涉及的是意义上的语素,而不是形式上的语素,因此,这方面研究的实质正是探寻语素项与词项的意义关系。另一方面,以往的研究往往以词为中心,以词义和词的认知作为出发点,意义在于对词进行分类研究,但从词中分解出来的语素,其难度和频率无法控制,研究成果无法系统地运

---

① 苏宝荣.汉语语义研究的基本单位应分为语素与词两个层级[J].河北学刊,1999(6).

用到语素教学中去。我们尝试以语素为中心来研究,从语素义出发,把每个语素项构成的词项集中在一起,计算出每个语素项能在多大程度上起到提示词义的作用,探清它在词中的显义趋势,从而估计学习该语素项的难度和价值,把它作为语素项分级的一个依据。

第一节　语素项在词中的显义类型

一、词汇学范围内关于语素义与词义关系的研究

立足于词义学理论,最先对语素义和词义关系问题进行系统研究的当属符淮青先生。他在《现代汉语词汇》(1985)一书中辟出专章讨论了词义和语素义的关系问题,认为语素义和词义的关系可以分为五种类型:(1)语素义直接地、完全地表示词义,(2)语素义直接地但部分地表示词义,(3)语素义间接表示词义,(4)表词义的语素有的失落原义,(5)语素义完全不表示词义。并且在书中用公式归纳了语素义结合成为词义的表义模式,开启了语素表义量化研究之门。

此后,王树斋(1993)、杨振兰(1993)对复合词词素义和词义的关系作了进一步的探讨。王玉鼎(1994)探讨了名词性并列复合词的词义与语素义之间的关系,刘继超(1994)把研究范围缩小到并列式新词的词义与语素义的关系,宋美娜(2003)关注的则是偏义式复合词的词义与语素义的关系。仲崇山(2002)对"词义是语素义的引申比喻义"和"部分语素在构词中失落原义"两种类型做了进一步的研究。上述这些研究都是建立在符淮青语素义和词义关

系分类基础上的细化研究。

曹炜(2001)认为"词义同语素义的不一致性要比一致性更为常见。尽管如此,词义毕竟是由语素义构成的,从词义中,我们或多或少可找到语素义的影子"①。他研究了合成词词义理据性和非理据性的几种情况。认为具有显理据性的合成词中语素义与词义的关系有以下几种情况:词义是语素义的泛化、升级;词义是语素义的简单组装;词义是语素义部分失落后形成的;词义是语素义经过互补、推演后产生的。而具有潜理据性的词义大多属于修辞式派生义。这几种分类基本可以和符淮青的分类方法对上号。

周荐、苏宝荣等人的研究则立足于语法结构,把词的语法结构和语义关系结合起来进行研究。周荐(1991)"以复合词构成成分间的语法关系为经线,以成分间功能语义关系为纬线,织就了一张复合词构成成分间的语法——功能关系的大网"②。苏宝荣(1999)指出"双音复合词既然是由两个最小的词义单位——语素构成的,复合词的词义就势必与语素义有直接或间接的联系,语素及其组合关系的分析,对理解双音复合词的词义具有重要作用"。他认为"汉语语素义与复合词词义的关系,既与语素义自身相关,也与复合词的语法结构有关"③。在分析中用到了"线性组合"、"整体凝固"等术语。

朱彦(2004)的研究独树一帜,她"从语义的深层出发,在认知的背景上挖掘复合词词素间语义关系曲折复杂的根源,力图描写和解释复合词构成的一系列语义组合过程,找到其间的语义规律"

---

① 曹炜.现代汉语词义学[M].上海:学林出版社.2001.
② 郑厚尧.汉语双音复合词的词义与语素义关系研究[D].武汉:华中师范大学,2006.
③ 苏宝荣.汉语语义研究的基本单位应分为语素与词两个层级[J].河北学刊,1999(6).

"从语义结构的角度来重新审视构词法问题"[①],她的研究具有独创性。

21世纪以来,在语素义与词义关系研究方面,定性与定量相结合的研究越来越多。陈宇涵、任汇江(2003)从《现汉》(96版)中随机抽取了三千余条双音复合词,归纳出60种语义结构模式。郑厚尧从《现汉》(02版)中随机抽取了一万多个双音节复合词作为研究对象,以语素间的语义结构关系为纲,把双音节复合词分为同义关系复合词和异义关系复合词两大类,来解释各种不同关系复合词的词义获得机制。

总之,语素义与词义关系的相关研究从单纯的定性研究向定性与定量相结合的方向发展,从纯理论研究发展到以应用为目的的理论研究,不断深入。但研究的中心和出发点始终是"词",我们尝试换一个角度来研究这个问题,把"语素"作为研究的中心和出发点,研究一个语素项在它所构的所有词项中总的显义情况。

二、认知心理学关于合成词加工中语义透明度效应的研究

认知心理学研究中的语义透明度,指的是复合词的语义可以从其所组成的各个词素的语义推知的程度,其操作性定义为整词与其词素的语义相关程度。[②] 从这个定义来看,判断语义透明度的基础即为语素义与词义的关系,只是词汇学研究的重点是通过分析语素义和词义的关系类型来明确合成词的语义构成,而认知心理学研究的重点则是探讨语义透明度对于合成词加工的影响。

要研究合成词加工中的语义透明度效应,首先要判断实验用

---

① 朱彦. 汉语复合词语义构词法研究[M]. 北京:北京大学出版社,2004.
② 王春茂,彭聃龄. 合成词加工中的词频、词素累计频率及语义透明度[J]. 心理学报,1999(7).

词的语义透明度,认知心理学研究中一般的做法是取适量的合成词,要求若干被试在量表上为词本身与第一和第二语素的意义相关程度评分,把平均得分作为整词的语义透明度得分。表面上来看,认知心理学研究中词的语义透明度是由参加实验的被试来主观评定的,其实,被试在判断语素和词的意义相关程度时,依赖的正是脑中潜藏的对于语素义和词义关系的朴素认识,而这种认识正是客观存在的语素义和词义关系的反映。

认知心理学的研究充分证明了语义透明度对合成词加工的影响。在母语合成词加工研究领域,王春茂、彭聃龄(1999)认为透明词的词素促进整词的加工,不透明词的词素抑制整词的加工。王文斌(2001)研究了汉语中并列式合成词的词汇通达,实验证明,语义透明度对并列式合成词的词汇通达起重要作用。在儿童语言习得的认知研究方面,徐彩华、李镗(2001)进行了语义透明度影响儿童词汇学习的实验研究,发现透明词对于词汇学习有显著的易化作用。

在对外汉语教学方面,近年来,关于语素义在留学生词义获得过程中作用的心理实验研究也逐渐受到重视,郭胜春(2003)研究了汉语语素义在留学生词义获得过程中的作用,认为非汉字圈留学生在学习汉语满一年后,已初步具备通过构词语素义推测新词词义的意识,合成词的结构方式以及构词语素的显义程度能够影响词义的获得。徐晓羽(2004)针对留学生复合词认知中的语素意识进行研究,认为初级水平的留学生已经初步具有语素意识,通过语素义来推知词义是他们理解新词的一个重要策略。刘伟(2004)研究了语义透明度对日本留学生双音节合成词词汇通达的影响,认为双音节合成词的表征受语义透明度和频率的影响,但频率的作用更强大。李传燕(2005)采用口头报告的方法,研究了透明度对中高级水平韩国学习者理解汉语惯用语的影响,实验结果表明汉语惯用语的透明度对中高水平韩国学习者理解汉语惯用语有非常显著的影响,高透明度的惯用语比低透明度的容易理解。

在上述这些研究中,汉语学习者的语素意识是受到肯定的,语义透明度对词义获得的影响也是得到承认的,争论的焦点在于:在此基础上,词汇教学应主"分"还是主"合"。郭胜春(2003)认为学习者虽然具有语素意识,但"自悟"词义的能力十分有限,他主张要从整体上理解和讲授词义,把握语素分析的"度"。徐晓羽(2004)则肯定了"语素教学"的构想,强调在教学中既要从整体上理解和讲授词义,也要注重分析讲解语素,特别是构词能力较强的语素。

我们认为认知心理学和对外汉语教学研究中关于合成词加工语义透明度效应的研究,证明了透明度对于合成词的认知和习得具有重要作用,至于教学过程中应"分"还是应"合",不应笼统来说,而是必须从语素项和词项的具体情况出发,由语素项在所构词项中的整体显义趋势,语素项自身的构词频率、单用频率及语素项所构高频词的情况来归类,针对不同类别的语素项采用不同的教学方法。

那么语素项在所构词项中的整体显义趋势如何来衡量呢?我们首先要判断语素项在其构成的每个词项中的显义类型,然后计算语素项在双音合成词中的平均显义度。

三、语素项在词项中的显义类型

郭胜春(2006)曾经做过关于常用合成词语素显义类型的研究,分析了从《现代汉语频率词典》中筛选出的 5094 个词的显义类型,分为以下几类:(1)显性关联型。词义相当于语素义的加合,词义与构词语素义有较直接或直观的联系。(2)半显性关联型。词

第四章
语素项显义度分析

义在语素义之外需补充必要的、暗含的成分,以更清晰地限定意义范围,有时将语素解释为相关的近义词。(3)隐性关联型。词义不停留在语素义层面,而有所引申、比喻,或具有特指意义。(4)不关联型。词义已固化成一个具有独立含义的结构,今天已无法从中直观地辨识构词成分在其中的意义。在这一研究中,词仍然是研究的中心和出发点。

我们则从语素的角度出发,通过对语素项在词项中的显义情况进行分类和赋值,尝试计算出语素项构词时的平均显义度,从而探清语素项在所构词的集合中总体的显义趋势。

双音合成词词项总是由两个语素项构成的,两个语素项在词中的显义情况未必相同,我们把其中一个语素项参与构成的词项聚集到一起进行研究,主要关注该语素项在词中的显义情况。我们把被关注的语素项称为"目标语素项",另一个语素项称为"异语素项"。

我们借用符淮青(1985)研究中所用的代号系统来标注目标语素项在词中的显义类型(z 为词义,c_1 和 c_2 分别为两个语素义,a 代表词的暗含内容,b 代表表述需要的补充内容,s 代表知识性附加内容。其中,a 是语素义完全不包含而词义必须具有的内容。b 为语素义不包含,也不是词义所必须具有的内容,只是为了表述清楚、完整而加上去的[①]。词义解释中删去 a 释义就不准确,删去 b 只会影响表述的明确、完整。)本研究中,把异语素项的语素义规定为 c_1,把目标语素项的语素义规定为 c_2。

目标语素项在词中的显义类型可以分为以下几种:

(一)目标语素项在词中完全显义

目标语素项和词义有较明显、直接的联系,此时语素项在词中

---

① 符淮青. 现代汉语词汇[M]. 北京:北京大学出版社,1985 第 1 版,2004 第 2 版.

完全显义,包括以下几种情况:

第一,词义和构成词的两个语素项的意义相同或相近,即:$z=c_1=c_2$,如:

【行】xíng❶走。【走】❶人或鸟兽的脚交互向前移动。

【行走】⚆动⚇走❶。

我们判定目标语素项"行(xíng)❶"在词项"行走❶"中完全显义。

第二,两个语素项的意义不同,但素义经过简单的线性组合就能得出词义,即:$z=c_1+c_2$,如:

【良】❶⚆形⚇好。【机】❹机会;时机。

【良机】⚆名⚇好机会。

我们判定目标语素项"机❹"在"良机"一词中完全显义。

第三,目标语素项和异语素项的语义特征有所重合,不能用素义线性组合的方式来解释词义,但目标语素项的语义特征在词中并非冗余成分,而是词义的重要组成部分[①],且构词时目标语素项的语义特征没有发生质变或量变。如:

【漫流】⚆动⚇水过满而向外流。

【漫】❶⚆动⚇水过满,向外流。【流】¹❶液体移动;流动①

"漫❶"本身就已经包含了"流❶"的信息,当"漫❶"和"流❶"组合成为"漫流"一词时,部分语义特征重合了。但目标语素项"流❶"并非冗余成分,它还能构成"湍流"、"渗流"、"涌流"等偏正式的词,这些词中前一个语素项用于表明"流"的方式,"流"才是被修饰的核心。我们认为在"漫流"一词中,"流"的语素义是词义的重要组成部分,它和词义之间的关系仍然是比较清晰的,借此判断

---

① 区别于下文的"出卖"、"出售"等词。

"流❶"在该词中完全显义。

第四,目标语素项表示范围、结果、方向等意义,我们不能用素义线性组合的方式来解释词义,但目标语素项所表的内容是词义不可缺少的部分,且构词时目标语素项的语义特征没有发生质变或量变。如:

【输】❶[动]运输;运送。

【出】[动]趋向动词。用在动词后表示向外、显露或完成。

【输出】❶[动]从内部送到外部。

符淮青(1985)指出"在词典不联系语素义解释词义时,可以尝试改变它的释义方式,联系语素义对词义作出解释,来确定它们关系的类型"[①]。"输出❶"的意义可以被解释为"向外运送",目标语素项"出"表示运送的方向,是词义中不可缺少的部分,且"出"的素义在词中没有发生实质性的变化,因此,我们也把该词中的"出"归入完全显义的范围内。

第五,目标语素项和异语素项的语义特征在质和量上都没有变化,只不过素义组合的顺序与语素项排列的顺序不同。如:

【大】(dà)❶[形]在体积、面积、数量、力量、强度等方面超过一般或超过所比较的对象(跟"小"相对)。

【胆】[名]❶胆量。

【大胆】[形]胆量大。

目标语素项"大(dà)❶"在词中没有发生语义上的质变或量变,只不过"大(dà)❶"和"胆❶"素义组合的顺序恰好和语素项的排列顺序相反,我们把该词中的"大(dà)❶"也归入完全显义的范围之内。再如:

---

① 符淮青.现代汉语词汇[M].北京:北京大学出版社,1985 第 1 版,2004 第 2 版.

【献】❶ 动 把实物或意见等恭敬庄严地送给集体或尊敬的人。

↕

【花】¹❶ 名 种子植物的有性繁殖器官……

↓

【献花】动 把鲜花①献给贵宾或敬爱的人。

目标语素项"花¹❶"在词中没有发生语义上的质变或量变,只不过它的素义被嵌入"献❶"的释义语句中,使"实物或意见"的所指内容具体化了,最终形成了"献花"的词义,我们也把这里的"花¹❶"归入完全显义的范围内。

第六,异语素项的意义发生变化后再和目标语素项加合成为词义,目标语素项的意义在词中仍然可以完整而直接地分解出来,即:$z=c_1'+c_2$,(c_1'表示变化后的c_1),如:

【杀】❶ 动 使人或动物失去生命;弄死。【机】❼ 心思;念头。

【杀机】名　杀　人　的　念头。
　　　　　(c_1+a)　　+　　c_2

"杀机"的意义可以分解为:$z=(c_1+a)+c_2$。异语素项"杀❶"必须加上暗含内容"杀的对象",而目标语素项"机❼"的意义没有发生任何变化,因此,我们也把该词中的"机❼"归入完全显义的范围内。再如:

【腹】❶ 名 躯干的一部分。【地】❺ 名 地区①。

【腹地】名 靠近中心的地区;内地。

"腹地"的意义可以分解为:$z=(c_1$的相似引申$)+c_2$,词中异

---

① "献花"中的"花"不一定非得是"鲜花",这里采用适用范围更广的上位词"花"更好一些。

语素项"腹❶"的意义比喻引申为"中心、靠近中心",而目标语素项"地❺"的意义没有发生变化,因此,我们把该词中的"地❺"也归入完全显义的范围内。

第七,异语素项的意义无法判断或完全脱落,目标语素项的意义仍然可以从词中完整而直接地分解出来。如:

【人氏】人(指籍贯说,多见于早期白话)

"人氏"一词中"氏"的意义脱落,但目标语素项"人❶"的意义仍然清晰明确,我们把该词中的"人❶"也归入完全显义的范围内。

(二)目标语素项在词中部分显义

目标语素项必须加上暗含内容才能准确地表示词义,但它的素义在词中比较明显,在语义特征上只有量变而没有质变,我们判定它在词中部分显义。包括以下几种子类型:

第一,目标语素项和异语素项意义相近或相同,但需要加上暗含内容才能得出词义。即:$z=[(c_1=c_2)+a]$,如:

【自²】介 从;由。【从²】❶ 介 起于,"从……"表示"拿……做起点"。

【自从】介 表示 时间 的起点(指过去)。
　　　　　　 a 　($c_1=c_2$) 　a

"自²"和"从²❶"是近义语素项,都用于表示时间或空间的起点。但"自²"和"从²❶"结合成为词项"自从"之后,语义特征增加了,适用范围变小了,只能用于表示时间上的起点,而且只能用于表示过去的时间。所以我们判断目标语素项"自²"在该词中仅部分显义。

第二,目标语素项和异语素项先发生线性组合,再加上暗含内容才能得出词义。即:$z=(c_1+c_2)+a$,如:

【自²】介 从;由。【古】❶ 古代(跟"今"相对)。

【自古】副 从　古　以来;从来。
　　　　　(c_2+c_1)+　a

目标语素项"自²"和异语素项"古❶"先结合,再加上"以来,至今"这个暗含内容,词义才完整,所以我们判断"自²"在该词中只是部分显义。再如:

【发】(fā)❼ 动 食物等因发酵或水浸而膨胀。

【面】²❶ 名 粮食磨成的粉,特指小麦磨成的粉。

【发面】❶ 动 使　面　发酵
　　　　　　a　+(c_2+ c_1)

目标语素项"面²❶"和异语素项"发(fā)❼"结合之后,再加上表"使动"的暗含内容,词义才完整,所以我们判断"面²❶"在该词中只是部分显义。再如:

【自】¹❶ 自己。【是】¹❶ 形 对;正确(跟"非"相对)。

【自是】² 自以为是。——→ 以自为是

目标语素项"自¹❶"和异语素项"是¹❶"结合之后,再加上表"意动"的暗含内容,变成"以自为是",词义才完整,所以我们判断"自¹❶"在该词中只是部分显义。

第三,异语素项和目标语素项都必须加上暗含内容,再结合成为词义。即:$z=(c_1+a)+(c_2+a)$,如:

【机】❶机器。【耕】❶ 动 用犁把田里的土翻松。

【机耕】用　机器　耕种。
　　　　($a+c_2$)+(c_1+a)

目标语素项"机❶"的意义没有变化,但是必须加上暗含内容"使用"才能形成词义,我们判断"机❶"在该词中部分显义。

第四,异语素项的意义保持不变,目标语素项加上暗含内容后与异语素项结合成为词义,即:$z=c_1+(c_2+a)$,如:

【外】❶ 名 方位词。外边(跟"内、里"相对)。

【传】(chuán)❸传播。

【外传】(wàichuán) 动 ❶ 向 外 传播、散布
$\qquad\qquad\qquad\quad (a+c_2)\ +\ c_1$

目标语素项"外❶"的意义没有变化,但是必须加上暗含内容"向着、对着",词义才准确,我们判断"外❶"在该词中部分显义。

第五,异语素项在词中意义不明、脱落,或异语素项是词缀,在词中不表意,词义等于目标语素项的素义加上暗含内容,即 $z=c_2+a$。如:

【人】名 ❶ 能制造工具并使用工具进行劳动的高等动物。

【人物】名 ❶ 在某方面有代表性或具有突出特点的 人。
$\qquad\qquad\qquad\qquad\quad a \qquad\qquad\qquad +c_2$

异语素项"物"的意义脱落,目标语素项"人❶"加上暗含内容"在某方面有代表性或具有突出特点的"才形成词义。我们判断"人❶"在该词中仅是部分显义。

(三)目标语素项在词中隐性显义

有时我们不能简单地从字面上解读目标语素项的素义,此时目标语素项的语义特征发生了质变,但变化的线索比较明显,素义和词义有着隐性的联系,只要稍加点拨,素义仍然能够帮助理解词义,这种情况下,我们判定目标语素项在词中隐性显义,包括以下几种子类型:

第一,目标语素项和异语素项结合后,通过相关引申或相似引申才能得出词义。即 $z=(c_1+c_2)$ 的相关/相似引申。(包括 $c_1=c_2$ 的情况),如:

【旗】❶ 名 旗子。【下¹】❶ 名 方位词。位置在低处的。
$\qquad\quad (c_1\ +\ c_2)$
$\qquad\quad\downarrow$
$\qquad\quad 相关引申(借代)$

【旗下】名 下属;部下。

异语素项"旗❶"和目标语素项"下❶"结合后,通过相关引申才能得出"下属;部下"这个词义,因此,我们认为"下❶"在该词中隐性显义。再如:

【蝇】名 苍蝇。

【头】❶名 人身最上部或动物最前部长着口、鼻、眼等器官的部分。

【蝇头】名 苍蝇的头,比喻非常小的东西。

异语素项"蝇"和目标语素项"头❶"结合后,通过相似引申才能得出"非常小的东西"这个词义,因此,我们认为"头❶"在该词中隐性显义。

第二,异语素项和目标语素项结合后,通过特殊的语用引申才能得出词义。即 $z=(c_1+c_2)$ 的语用引申。无论相关引申还是相似引申,都是从语义方面来说的,其本质是语义特征的质变。我们认为,还有一小部分引申发生在语用的层面上,语素项和语素项结合后,在语义特征上没有发生根本性的质变,直到语用信息加入之后,才形成了新的词义,其中大部分是由于谦称、委婉、避讳等语用因素造成的,我们称之为语用引申。即 $z=(c_1+c_2)$ 的语用引申。(包括 $c_1=c_2$ 的情况),如:

【老】❶形 年岁大(跟"少、幼"相对)。

【朽】❷ 衰老。

【老朽】❷名 谦辞,老年人的自称。

目标语素项"老❶"和异语素项"朽❷"结合之后,在语义特征上没有发生根本性的变化,只是因为用于谦称而产生了这个新的词义。因此"老❶"在"老朽❷"中是隐性显义。

第三,目标语素项先通过相关引申或相似引申得出新义,再与异语素项结合成为词义。即 $z= c_1+(c_2$ 的相关/相似引申)。如:

【改】❶ 动 改变；更改。

【口】❶ 名 人或动物进饮食的器官，有的也是发声器官的一部分。通称嘴。

【改口】动 ❶ 改变 自己原来 说话的内容或语气。
　　　　　　c_1　＋　（b　＋　c_2 的相关引申）

异语素项"改❶"的意义没有变化，目标语素项"口❶"通过相关引申得出"说话的内容或语气"之义，再与异语素项结合成为词义。我们认为"口❶"在该词中是隐性显义。再如：

【靠】❹ 动 依靠。

【山】❶ 名 地面上由土、石形成的高耸的部分。

【靠山】名 比喻可以 依靠 的有力量的人或集体。
　　　　　　a ＋ c_1　＋　（c_2 的相似引申）

异语素项"靠❹"的意义没有变化，目标语素项"山❶"通过相似引申得出"有力量的事物"之义，我们认为"山❶"在该词中隐性显义。

第四，目标语素项和异语素项都通过相关引申或相似引申得出新义，再结合成为词义。即 z＝（c_1 的相关/相似引申）＋（c_2 的相关/相似引申）。如：

【行】(xíng)❻ 做；办。【政】❶ 政治。

【行政】❶ 动　　行使　　国家权力。
　　　　　　（c_1 的相关引申）＋（c_2 的相关引申）

目标语素项"行(xíng)❻"和异语素项"政❶"分别相关引申为"行使"和"国家权力"之义，再结合成为词义。我们判定"行(xíng)❻"在"行政❶"中隐性显义。

第五，异语素项的意义不明、脱落或者异语素项是词缀，在词中不表意，词义等于目标语素项的相关引申或相似引申。即 z＝

(c_2的相关/相似引申)。如：

【动】❶ 动 (事物)改变原来位置或脱离静止状态(跟"静"相对)。

【静】❶ 形 安定不动(跟"动"相对)。

【动静】❶ 名 动作或说话的声音。

异语素项"静❶"的意义脱落,词义等于目标语素项"动❶"的相关引申义,因此,我们判断"动❶"在该词中隐性显义。

(四)目标语素项在词中微弱显义

有时候素义和词义关系不太明显,一般情况下很难把语素项和词项联系起来,但追根溯源还是能理清素义和词义的关系。此时我们判定目标语素项在词中微弱显义,包括以下几种情况：

第一,通过对历史典故或民间传说的分析才能把目标语素项的意义和词义联系起来。如：

【月】❶月球;月亮。【老】❷老年人(多用作尊称)

【月老】月下老人。

【月下老人】传说唐代韦固月夜里经过宋城,遇见一个老人坐着翻检书本。韦固往前窥视,一个字也不认得,向老人询问后,才知道老人是专管人间婚姻的神仙,翻检的书是婚姻簿子(见于《续幽怪录·四·定婚店》)。后来因此称媒人为月下老人。也说月下老儿或月老。

"月老"的词义应为"媒人",从字面上看目标语素项"老❷"的素义和"媒人"之间没有直接联系,通过典故追根溯源,才能明白它们的联系。因此我们判定"老❷"在该词中仅微弱显义。

第二,素义和词义有历史上的联系,但现代汉语中,其构词理据逐渐被遗忘,只有查阅《辞源》或《汉语理据词典》等辞书才能弄清素义和词义的联系。如：

第四章
语素项显义度分析

【火】❶ 名 物体燃烧时所发的光和焰。【车】❶ 名 陆地上有轮子的运输工具。

【火车】名 一种交通工具,由机车牵引若干节车厢在铁路上行驶。

从字面上看,目标语素项"火❶"的意义和"火车"的词义似乎没有联系,实际上,最早的火车由火力产生的蒸汽来驱动,随着汽油机、柴油机或电力设备逐渐取代蒸汽机成为火车的动力来源,"火车"一词的构词理据逐渐磨灭,只有说明词源,"火"和"火车"的关系才能显现出来。因此,我们判定"火❶"在"火车"一词中仅微弱显义。

第三,从素义到词义经过了曲折复杂的变化,必须层层分析,抽丝剥茧才能看出目标语素项与词项的联系。如:

【起¹】❶ 动 由坐卧趴伏而站立或由躺而坐。

【色】❷ 脸上表现的神情;神色。

【起色】名 好转的样子(多指沉重的疾病或做得不好的工作)

《汉语理据词典》认为,"起色"一词的理据是:"本为病者的气色好转。后亦指工作等情况好转。起:上升。色:气色。"从"起¹❶"、"色❷"的素义到"起色"一词的词义,至少经历了以下两重变化:

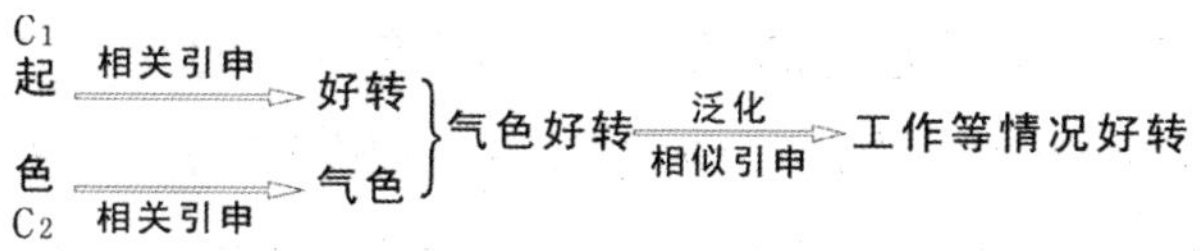

$$\begin{array}{c} C_1 \\ 起 \end{array} \xrightarrow{\text{相关引申}} 好转 \\ \begin{array}{c} \\ 色 \end{array} \xrightarrow{\text{相关引申}} 气色 \end{array} \Bigg\} 气色好转 \xrightarrow[\text{相似引申}]{\text{泛化}} 工作等情况好转$$

图 4-1 "起""色"词义变化图

重重分析之后,目标语素项"色❷"与词义的联系才能被揭示出来,我们据此认为"色❷"在"起色"一词中只是微弱显义。

第四,词义有多个语义特征,目标语素项的素义仅提示了其中

极为次要的特征,因此一般情况下很难把素义和词义联系起来。如:

【水】❶[名]最简单的氢氧化合物,化学式 H_2O。……①

【泥】❶[名]含水的半固体状的土。

【水泥】[名]一种建筑材料,常用的水泥是灰绿色或棕色粉末,用石灰石、黏土等焙烧制成。加水拌和,干燥后坚硬。俗称洋灰。

《汉语理据词典》认为"水泥"一词的理据是"掺水成泥"。通过《现汉》释义,我们看到用途、质地、颜色等属性才是"水泥"的主要特征,"掺水成泥"只是"水泥"最次要的一种特征,一般情况下,我们很难把这一特征和水泥这种物质联系起来,因此,目标语素项"水❶"在该词中只是微弱显义。

第五,词义与异语素项的意义相当,而且异语素项中暗含了目标语素项的全部语义特征,目标语素项的语义特征在词义中成为冗余信息②。如:

【出】❶[动]从里面到外面(跟"进、入"相对)。

【售】❶[动]卖。【卖】❶[动]拿东西换钱(跟"买"相对)。

【出售】[动]卖。

"售"或"卖"的东西从卖方手里到买方手里,对于卖方来说,就是一种"出",但这一方向信息不是"售"或"卖"的核心语义特征,在词典释义中完全没有体现,应看作是一种隐含的信息。因此,"出售"一词中,"出"是有意义的,但它的意义与"售"自身的部分语义特征重合了,成为一种冗余的信息。我们据此认为"出❶"在"出售"一词中微弱显义。

---

① 此处略去了补充的知识性附加内容。
② 与上文对"漫流"一词的分析相区别。

第四章
语素项显义度分析

第六,有些虚义词项的词汇意义很弱,语法意义很强,它们是由实义语素项组合后虚化形成的,素义并非不可分析,但素义与词义的关系不明显。如:

【不】副❶用在动词、形容词和其他副词前面表示否定。

【然】❷〈书〉代指示代词。如此;这样;那样。

【不然】❸连表示如果不是上文所说的情况,就发生或可能发生下文所说的情况。

语素项"不❶"和"然❷"结合成为"不这样,不那样",再虚化成为一个连词,词汇意义虽然很弱,但仍能够被分析还原出来。我们认为目标语素项"然❷"在"不然"一词中不是完全不显义,而是微弱显义。

第七,有些语素项虚化成为词缀,但它仍具有微弱的语义意义(词汇意义),词典释义时往往能够用一定的格式表达出来。如:

【化】¹❽后缀。加在名词或形容词之后构成动词,表示转变成某种性质或状态。

在"美化"、"丑化"、"磁化"、"淡化"等词中,语素项"化¹❽"并非只有结构上的作用,它在语义上也有微弱的作用,提示了事物性质或状态的变化,词典解释词义时往往可以用"使变……"的格式表达出来。因此,我们认为目标语素项"化¹❽"在这些词中微弱显义。

(五)目标语素项在词中不显义

第一,目标语素项的意义在词中脱落,我们就判定它在词中不显义。如:

【妻】妻子(qī·zi)。

【子¹】zǐ❶古代指儿女,现在专指儿子。

【妻子】qī·zi 名男女两人结婚后,女子是男子的妻子。

目标语素项"子¹(zǐ)❶"的意义在词项"妻子(qī·zi)"中已经脱落,我们认为它在该词中不显义。

第二,目标语素项是词缀,与词之间没有任何语义上的关系,只是结构上的附加成分,我们判定它在词中不显义。如:

【老】⓰前缀,用于称人、排行次序、某些动植物名。

【老鼠】名鼠的通称(多指家鼠)。

目标语素项"老⓰"仅是结构上的附加成分,在"老鼠"一词中完全不表义,我们认为它在该词中不显义。

第二节 语素项显义度分析

一、语素项显义度与构词位置的关系

按照本章第一节中的分类规则,我们对每个词项中语素项的显义类型进行了标注,以便计量分析。以语素"风"为例,标注内容如下:

表4-1 "风"在所构词中的显义类型(部分示例)

词项	词义	目标语素项①	目标语素项显义类型②	异语素项	素义与词义关系
风力	风的力量	风❶	1	力❶	$z=c_1+c_2$
风寒	冷风和寒气	风❶	2	寒❶	$z=(a+c_1)+(c_2+a)$
风波	风浪,常比喻纠纷或乱子	风❶	3	波❶	$z=(c_1+c_2)$的引申

---

① 语素项所含的素义具体见下文中的表4-2。

② 这里的数字"1"表示语素项在词中完全显义,"2"表示部分显义,"3"表示隐性显义,"4"表示微弱显义,若语素项在词中不显义则标注为"5"。

续表

词项	词义	目标语素项①	目标语素项显义类型②	异语素项	素义与词义关系
风靡	草木随风而倒,形容事物很风行	风❶	4	靡¹❶	z=[(a+c1)+c2]的引申
歪风	不正派的作风;不好的风气	风❺	1	歪❷	z=c1+c2
新风	刚出现的好风气;新的风尚	风❺	2	新❶	z=c2+(a+c1)
风景	一定地域内由山水、花草、树木、建筑物以及某些自然现象(如雨、雪)形成的可供人观赏的景象	风❻	1	景¹❶	z=c1=c2
文风	使用语言文字的作风	风❼	3	文❸	z=(a+c2)+(c1的引申)

"风"在《现汉》中一共构成了272个双音词项,其中,有17个词项的词义和语素义关系不明,如:"风鸟"(极乐鸟)、"风光(fēng·guang)(光彩②;体面②)"等等,剩余的255个词项的词义都是可以用语素义来分析的,对这255个词项进行语素项显义类型的标注之后,"风"各语素项在词中的显义类型分布情况如下表所示:

表4-2 "风"各语素项的显义类型分布

语素项	素义	完全显义次数	部分显义次数	隐性显义次数	微弱显义次数	不显义次数	语素项构词总数
风❶	跟地面大致平行的空气流动的现象,是由于气压分布不均匀而产生的	53	60	38	6	0	157
风❷	借风力吹(使东西干燥或纯净)	1	0	0	0	0	1
风❹	像风那样快	1	0	0	1	0	2
风❺	风气;风俗	17	5	2	2	0	26
风❻	景象	4	1	0	0	0	5
风❼	态度;姿态	7	2	18	7	0	34
风❽	风声;消息	6	6	2	0	0	14

续表

语素项	素义	完全显义次数	部分显义次数	隐性显义次数	微弱显义次数	不显义次数	语素项构词总数
风❾	传说的;没有确实根据的	2	1	0	0	0	3
风❿	指民歌	1	0	5	1	0	7
风⓫	中医指一种致病的重要因素或某些疾病	0	3	1	2	0	6
	合计	92	78	66	19	0	255

表中的数值告诉我们,"风"的各语素项在词项中的显义情况不同,如:语素项"风❶"一共参与构成了157个词项,只在53个词项中完全显义,它的素义在其余词项中都或多或少地发生了量或质上的变化。语素项"风❻"仅参与构成了5个词项,在词中多为完全显义,也就是说,它在构词时素义基本上不发生变化。

显义类型实际上反映的是语素项在单个词中的显义程度,我们把它称为语素项在单个词中的显义度。显义度不能用绝对数值来表示,但是存在相对的高低区别,可以用相对值来表示。为了便于进一步研究,我们进行了赋值操作,规定当语素项在词中完全显义时,显义度赋值为1;部分显义时,显义度赋值为0.75;隐性显义时,显义度赋值为0.5;微弱显义时,显义度赋值为0.25;不显义时,显义度赋值为0。如:"风❶"在"风力"一词中显义度为1,在"风波"一词中显义度为0.5。在后文中,我们将用这些数值来统计语素项的平均显义度。

语素项的语法类别不同、构词时位置不同,在词中的显义度是否也有所区别?我们考察了名、动、形3类语素项在词中前位上和后位上的显义情况,结果如下表所示:

表 4-3 名、动、形类语素项在前位和后位上的显义情况①

		完全显义次数	部分显义次数	隐性显义次数	微弱显义次数	不显义次数	总构词数	平均显义度
名	在前位上	717	815	529	196	4	2261	0.73②
	在后位上	1660	681	1077	287	4	3709	0.75
动	在前位上	624	272	376	119	0	1391	0.75
	在后位上	349	159	171	42	0	721	0.78
形	在前位上	288	301	199	136	3	927	0.70
	在后位上	90	48	32	20	0	190	0.77

观察名词性、动词性、形容词性语素项在前位和后位上的显义情况,我们发现,名词性语素项构词时的优势位置是在后位上,且在后位上的平均显义度较高;动词性语素项构词时优势位置是在前位上,但是在后位上的平均显义度较高。形容词性语素项构词时优势位置也是在前位上,但在后位上的平均显义度较高。

总的来说,这 3 类语素项构词时在后位上的平均显义度总比在前位上的平均显义度要高一些,我们试着用徐通锵先生"向心构辞法"和"离心构辞法"的理论来解释这一现象③。徐先生认为:向心辞的核心字居后,代表义类,与它相组配的前字代表义象,用以描述核心字本身的语义特征;离心辞的核心字居前,代表义象,看这种语义特征能修饰、管辖哪些义类。不管是向心辞,还是离心

---

① 这里排除了构成叠字词的情况。
② 我们在上文中已经对显义类型不同的语素项进行了赋值操作,此处计算的是名词性语素项在前位上构词时的平均显义度,计算方法为:(完全显义次数×显义度 1+部分显义次数×显义度 0.75+隐性显义次数×显义度 0.5+微弱显义次数×显义度 0.25+不显义次数×显义度 0)÷总构词数。下面几处计算方法相同。
③ 徐通锵的"向心构辞法"和"离心构辞法"理论建立在"字本位"的基础上,我们暂且把本位问题放在一边,语素项可以等同于一个义项上的汉字,语素项所构的词则可以看成字组,因此徐先生的"向心"、"离心"理论和分析方法在此处仍然是适用的。

辞,其语义重心都在表义类的后字。他认为当前字和后字在语义上为相关关系①的时候,向心辞的语义特点是自指,指核心字本身可能具有的各种意义,前字只是说明核心字的一种语义特征;离心辞的语义特点与此相反,不是指核心字本身的意义,而是转指与核心字的意义相关的另一种意义,如:"马鞭"指鞭子,"马车"指车,"马店"指店,"马枪"指枪,"马靴"指靴子,等等,它们都不是指马,因而可以把离心辞的语义特点概括为转指。②从这个角度来说,语素项在前位上所构成的是离心辞,离心辞的语义特点为转指,素义在词中发生变化的可能性较高。而语素项在后位上所构成的是向心辞,向心辞的语义特点为自指,语素项带来的语义特征往往是词义的重心,因而素义在词中变化的几率要低一些。

从以上表格中,我们还可以看到,就名、动、形三类实义语素项而言,语素项构词时的平均显义度是相当高的,这证明了语素教学法的可行性。然而,语素教学法不能只盯准本义语素项,而是应该把目标放在一个语素的若干高频常用语素项上。如果本章统计语素项显义度时都仅从本义语素项出发,那么语素义和词义之间的关系就要曲折得多,平均显义度必然会有所下降。

二、语素项构词时的平均显义度

我们把1个语素项所构成的全部词项集中到一起,观察语素项在所构词项中总体的显义趋势。把1个语素项在所构词中的显义度相加,再除以总构词数,就得到了该语素项构词时的平均显义

---

① 徐通锵将两字的语义关系分为相似关系和相关关系两大类,相似关系是指核心字和与它相组配的前字有共同的语义特征,或相同,或相近,或相反。相关关系可以分为类属、形状、形貌、功能、方式、工具、质料、空间、时间、比喻等等。

② 徐通锵.语言论[M].长春:东北师范大学出版社,1997.

度,这个数值在 0~1 之间,在一定程度上反映了语素项构词时的显义趋势。语素项在词中完全显义的次数占构词总次数的比重越大,得到的平均显义度数值就越接近 1。极端的情况是:语素项在所构词中都是完全显义,在单个词中显义度总是为 1,那么它的平均显义度就为 1,即该语素项构词时趋向完全显义;如果语素项在所构词中显义度均为 0,那么它的平均显义度就为 0,即该语素项构词时趋向完全不显义。其他情况下,语素项的平均显义度在 0~1 之间摆动,越接近 0,则语素项构词时越趋向不显义;越接近 1,则语素项构词时越趋向完全显义。

我们还是以"风"为例,语素项"风❶"共构成了 157 个词项,在词中完全显义 53 次,部分显义 60 次,隐性显义 38 次,微弱显义 6 次,风❶构词时的平均显义度为:$(53\times1+60\times0.75+38\times0.5+6\times0.25+0\times0)\div157=0.75$。

经过计算之后,"风"各语素项构词时的平均显义度如下表所示:

表 4-4 "风"各语素项构词时的平均显义度

语素项	完全显义次数	部分显义次数	隐性显义次数	微弱显义次数	不显义次数	总构词数	语素项平均显义度
风❶	53	60	38	6	0	157	0.75
风❷	1	0	0	0	0	1	1
风❹	1	0	0	1	0	2	0.63
风❺	17	5	2	2	0	26	0.86
风❻	4	1	0	0	0	5	0.95
风❼	7	2	18	7	0	34	0.57
风❽	6	6	2	0	0	14	0.82
风❾	2	1	0	0	0	3	0.92
风❿	1	0	5	1	0	7	0.54
风⓫	0	3	1	2	0	6	0.54

用这种方法,我们总共计算了 495 个[1]语素项构词时的平均显义度,总体情况可以用下面这张散点图来表示。图中纵坐标代表的是语素项序号,横坐标范围从 0~1,代表了这些语素项的平均显义度。我们看到,图中绝大多数语素项的平均显义度集中在 0.5~1 区域范围内,在 0.7~1 区间内的密度更高,可见在大部分情况下,语素项构词时的显义度还是比较高的,能够较好地起到提示词义的作用,语素项与词项的这种关系正是语素教学法的基础。但我们同时注意到,平均显义度为 1 的语素项数量很有限,这也提醒我们:同一语素项在具体的词项中显义度还有区别,教学过程中应结合语素项显义的具体情况对词项进行适当分组,区别对待,不可简单化处理。

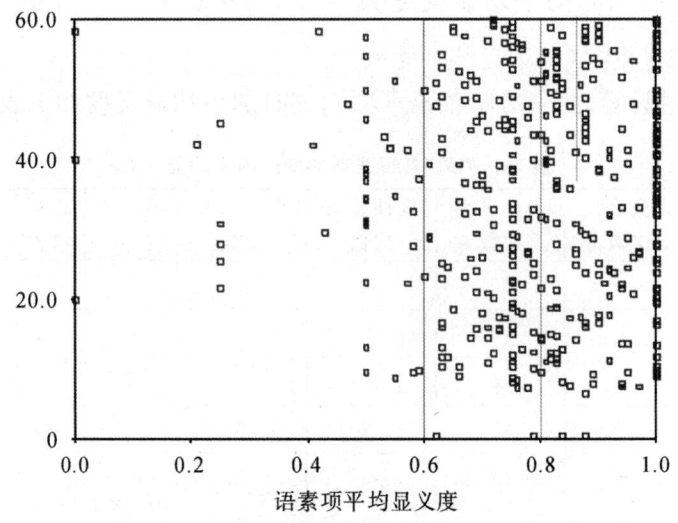

图 4-2　495 个语素项构词时的平均显义度分布情况

---

[1] 其余 86 个语素项构词数为 0,无法计算显义度。

第四章 语素项显义度分析

第三节 语素项构词时的平均显义度在对外汉语教学中的应用

在对外汉语词汇教学中,语素的作用日益受到重视,但如何贯彻实施语素教学法一直是个难题。由于没有系统的研究成果可供借鉴,在教学实践中,一线教师往往只能依赖自己的经验,尤其是遇到多义语素的时候,语素项的取舍、语素项教学顺序的安排都存在很大的任意性。如果对语素项的频率不加区分,同一语素的几个语素项同时讲授,必然造成理解和记忆上的混乱,反而会加重学生的学习负担;如果仅看构词频率,不注意语素项在词中的显义问题,又容易发生过度泛化造成的偏误。

在第三章中,我们已经通过研究语素项的自由度,解决了语素教学中应采用"由素到词",还是"由词及素,再推及词"的教学方法的问题。要真正科学地实现语素教学法,我们还需解决的问题是:哪些语素项适合于用语素教学法来批量扩词?其中又有哪些语素项是"生成型"语素项,适合于使用"合成法",可以用"以素带词"、"用素猜词"的方式来迅速扩大词汇量,且学生在借助这些素义来推测词义时错误率能够控制在较低的范围内?哪些语素项是"分析型"语素项,只适合于使用"归纳法"或"分解法"来解释语素义和词义的关系,帮助批量记忆词汇,但不应鼓励学生"自悟"词义?只有把语素项的显义度和构词数结合起来进行分析,才能解决上述问题。

下面的表格显示了构词数不同的句法性语素项在平均显义度不同区间内的分布情况:

表 4-5　句法性语素项构词数和平均显义度的关系

构词数区间＼平均显义度区间	0.00~0.20	0.21~0.40	0.41~0.60	0.61~0.80	0.80~1.00
构词 1~10 的语素项数	0	7	32	79	161
构词 11~20 的语素项数	0	0	7	42	36
构词 21~30 的语素项数	0	0	1	11	18
构词数 31~40 的语素项数	0	0	3	16	6
构词数 41~50 的语素项数	0	0	1	11	5
构词数 50 以上的语素项数	0	0	1	42	4

用散点图来表示句法性语素项的构词数和平均显义度之间的关系要更直观一些。如图 4-3 所示，我们看到：显义度在 0.8~1 之间的语素项大部分构词能力并不突出，构词能力最强的句法性语素项多集中在显义度为 0.6~0.8 这个区间内。这说明，构词能力

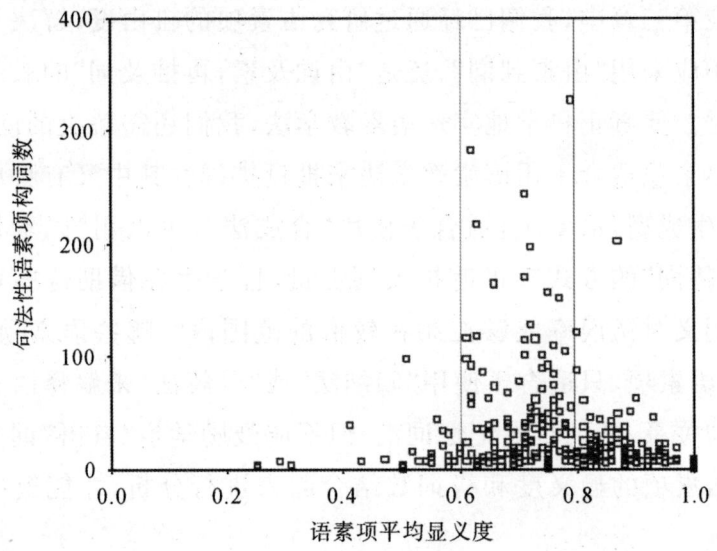

图 4-3　句法性语素项的构词数和平均显义度之间的关系

最强的这些语素项往往素义变体也是非常丰富的,在一定范围内的"善变"使得它们在意义上的结合面更宽,这是它们构词能力强的原因之一。因此,我们在语素教学过程中,既要合理利用语素义和词义的对应关系,又要注意语素义发生细微变化时的情况,对构词能力和平均显义度不同的语素项应该区别对待,具体处理方法如下:

一、不适合于使用语素教学法的情况

首先,我们根据表 4-5 和图 4-3 观察平均显义度在 0.21～0.40 这一区间内的全部 7 个语素项,它们的构词能力都很低。如:语素项"色❺"(物品的质量)构词数为 6,构成"成色"、"足色"等词,构词时平均显义度仅为 0.29。对于这些构词数和平均显义度都很低的语素项来说,语素教学法显然是不适用的,没有必要把语素项从词项中分离出来,在教学中应以"合"为主,注重整词教学。

其次,再看平均显义度在 0.41～0.60 这一区间内的语素项,该区间内大部分语素项构词数很低,显义度也不高。如:语素项"色❸"(种类)构成了"各色"、"出色"、"角色"、"货色"等 8 个词,完全显义次数仅为 2,在其余词项中均为隐性显义或微弱显义,构词时平均显义度为 0.59,对于这类语素项所构成的词来说,语素教学法的意义不大,因为语素项构词数太少,从素义到词义这条路又比较曲折,硬要把素义和词义联系起来的话,反而会使教学过程变得过于繁琐。对于这些语素项所构成的词来说,整词教学还应是首选。

我们注意到,这一区间内还有 5 个语素项构词能力较高,构词数在 30 个以上,那么语素教学法是否适用于这些语素项呢?我们调查了这些语素项构词时显义的具体情况:

表 4-6　平均显义度为 0.41～0.60 的 5 个构词能力较强的语素项

语素项	素　义	完全显义次数	部分显义次数	隐性显义次数	微弱显义次数	不显义次数	平均显义度
心❶	人和高等动物身体内推动血液循环的器官。……①	7	5	71	14	0	0.51
气❸	气息①	8	3	26	8	0	0.56
然❷	如此;这样;那样	6	2	3	29	0	0.41
风❼	态度;姿态	7	2	18	7	0	0.57
气❻	人的精神状态	3	5	23	1	0	0.58

我们发现:这些语素项在所构词中完全显义或部分显义的次数所占的比例很小,大部分情况下,构词时素义的变化较大,虽然素义对词义能起到一定的提示作用,但不适合于用语素教学法来批量扩词。其中,"心❶"的素义比较具体,属于常用概念,易于理解,单用频率也比较高,可以作为单音词词义来介绍,但它在合成词中完全显义或部分显义的情况很少,在"心黑"、"心肠"、"偏心"、"心眼儿"等 71 个词项中都是隐性显义,不适合用语素教学法来批量扩词。至于"然❷"、"风❼"、"气❻"这样的语素项,素义自身比较复杂抽象,再加上构词时显义度偏低,又基本不能单用,不适合单列出来学习。

总的来说,对于显义度在 0.41～0.60 区间内语素项所构的双音合成词,仍应以整词教学为主。

二、适合于使用"分解法"教学的语素项

平均显义度为 0.61～0.80 区间内语素项构词数高低不均,从学习效率的角度来说,构词能力极低的语素项一般应被排除在语

---

①　此处略去释义中的知识性附加内容。

素教学的范围外。至于该区间内构词数较高的语素项,据观察,它们在所构词中完全显义或部分显义的次数较高,但也在相当一部分词中以隐性显义或微弱显义的面貌出现。483个句法性语素项中仅有47个语素项的构词数超过50个,属于构词频率极高的语素项,它们中就有42个平均显义度在0.61~0.80范围内,这些语素项不但频繁地以"本来面目"直接参与构词,其素义变体也非常丰富,构词时素义比较灵活,这也是它们构词能力最强的原因之一。

对于该区间内构词能力较强的语素项而言,语素教学法能够起到帮助学生迅速扩大词汇量的作用,但必须注意的是,教学中应对语素项所构的词项进行适当分类,避免过度泛化造成偏误。如:语素项"天❶"、"手❶"、"山❶"的显义情况如下:

表4-7 语素项"天❶"、"手❶"、"山❶"的显义情况

语素项	素义	完全显义次数	部分显义次数	隐性显义次数	微弱显义次数	不显义次数	平均显义度
天❶	天空	26	10	38	13	0	0.64
手❶	人体上肢前端能拿东西的部分	40	43	122	11	1	0.63
山❶	地面上由土、石形成的高耸的部分	51	25	24	11	0	0.76

"天❶"、"手❶"、"山❶"都是构词能力很强的语素项,在词中完全显义和部分显义的次数较多,对于"天上"、"天地❶"、"拍手"、"左手"、"右手"、"名山"、"山顶"、"登山❶"等词而言,素义简单组合就成词义,用语素教学法"由素推词"地教学是省时省力的,但必须特别注意的是,这些语素项在词中也频繁地以隐性显义或微弱显义的面貌出现,如:"天下"、"升天"、"黑手"、"拿手"、"靠山"、"江山"等词,要防止学生想当然地根据素义"自悟"词义,造成偏误。

总的来说,对于该区间内语素项所构的词,应有选择地运用语

素教学法,该区间内的语素项大多为"分析型"语素项,适合于用"分解法"教学,不宜过分鼓励学生"自悟"词义。

三、适合于使用"合成法"教学的语素项

平均显义度为 0.81～1.00 这一区间内有 46.96% 的语素项构词数在 5 个以下,对于这些语素项所构的词来说,语素教学法所能起到的作用十分有限。对于该区间内其他语素项所构的词而言,语素教学法则应是首选,因为这些语素项在词中完全显义和部分显义的比例高,隐性显义和微弱显义的情况很少,素义和词义的关系一般比较清晰、直接,适合于用"以素带词"、"用素猜词"的方式来迅速扩大词汇量,且学生在借助素义"自悟"词义时错误率能得到控制。如:语素项"机❷"、"发(fā)❸"、"老❺"的显义情况如下:

表 4-8　语素项"机❷"、"发(fā)❸"、"老❺"的显义情况

语素项	素　义	完全显义次数	部分显义次数	隐性显义次数	微弱显义次数	不显义次数	平均显义度
机❷	飞机	17	5	0	0	0	0.94
发(fā)❸	产生;发生	36	4	8	2	0	0.87
老❺	很久以前就存在的(跟"新"相对)	10	7	4	0	0	0.82

语素项"机❷"、"发(fā)❸"、"老❺"在所构词中完全显义或部分显义的比例高,构词时素义很少发生变化,对于这部分词和语素项而言,语素教学法能够起到十分积极的作用。平均显义度在 0.81～1.00 之间的构词能力较强的语素项,是"生成型"的语素项,在语素教学过程中,适合采用"合成法"大量扩词,以提高词汇教学的效率。

总之,对于句法性语素项来说,平均显义度在 0～0.6 的语素

项,一般应以整词教学为主,其余语素项根据其构词能力和显义度的不同,可以有选择地运用语素教学法:

首先,对于构词能力极低的语素项所构的词,应以整词教学为主。

其次,对于构词能力较强,显义度中等(0.6~0.8)的语素项而言,语素教学法的意义在于分析,而不在于生成,因为对这类语素项而言,"由词析素"能够帮助理解和记忆词义,但因其素义和词义常常不能直接挂钩,"由素推词"的路比较曲折,这部分语素项我们称之为"分析型"语素项,仅强调素义在词义学习中的解释作用。

最后,构词能力较强,显义度也很高(0.8以上)的语素项,应以语素教学法为主。教学过程中,不但可以用分析、归纳素义的方法来帮助理解和记忆词义,而且可以适当引导学生由素义"自悟"词义,在一定范围内鼓励他们利用这些语素项进行开放式扩词。这部分语素项我们称之为"生成型"语素项,教学中既可"由词析素",用素义来帮助理解词义,也可"由素推词",用"合成法"从素义组合来推演词义,强调素义在词义学习中的解释作用和生成作用。

第五章 面向对外汉语教学的语素项分级

第一节 语素项分类、分级的必要性和可行性

一、素形载义量的不平衡性

学界普遍认可高频字高频词的学习价值，认为高频字高频词应成为对外汉语字词教学的主要对象，但也有学者已经隐约地注意到，使用频率高的字和词，义项数往往很多，学习的难度也很高，认为"从第二语言学习的角度看语素频度跟语素义项数的关系，二者是一对矛盾"[①]。那么，这一矛盾是普遍存在的吗？我们规定每个素形（汉字）所承载的义项数为素形载义量，并把素形载义量分别和素形（汉字）构词能力、素形（汉字）使用频率进行关联研究。从研究的结果来看，素形载义量的不平衡性的确存在，而且越是使用频率高、构词频率高的素形，其载义量就越大。具体情况如下：

---

① 朱志平.汉语双音复合词属性研究[M].北京：北京大学出版社，2005.

（一）现代汉语素形（汉字）的平均载义量

我们统计了《现汉》(83版)单字条目下所给出的义项数目。《现汉》(83版)一共立了10541个单字条目，如果按照素形来计算，这10541个单字条目可以归到8605个素形下，这些单字条目的义项共有18830条，那么，平均每个素形（汉字）承载了2.19个义项，即现代汉语中素形平均载义量约为2.19[①]。

（二）素形构词能力与载义量的关系

现代汉语中素形平均载义量约为2.19，看似不高。那么，构词能力不同的素形，在载义量上是否有所区别呢？我们将《现代汉语频率词典》的"汉字构词能力分析表"与《现汉》关联起来，把表中的素形（汉字）根据构词能力由强到弱的顺序分为5个区间，考察每一区间内素形（汉字）的平均载义量，结果见下表：

表 5-1　素形载义量与素形（汉字）构词能力的关系

素形（汉字）构词能力排序	1～1000[②]	1001～2000	2001～3000	3001～4000	4000～4574
义项总数	5842	3203	2197	1550	797
平均每个素形载义量	5.84	3.20	2.20	1.55	1.39

统计结果显示，构词能力排在前1000位的素形（汉字），平均每个素形承载了5.84个义项，素形的载义量随着汉字构词能力的递减而降低，构词能力排在4000位以后的素形（汉字），平均载义量只有1.39个。这意味着素形（汉字）构词能力与素形载义量是成正比的，从总体上来说，构词能力越强，素形载义量就越大。本书

[①] 该数据为笔者根据厦门大学苏新春教授提供的《现汉》(83版)数据库中的单字条目统计计算得出的结果。

[②] 表示素形（汉字）构词能力排在《现代汉语频率词典》的"汉字构词能力分析表"第1位至第1000位范围内。以下类推。

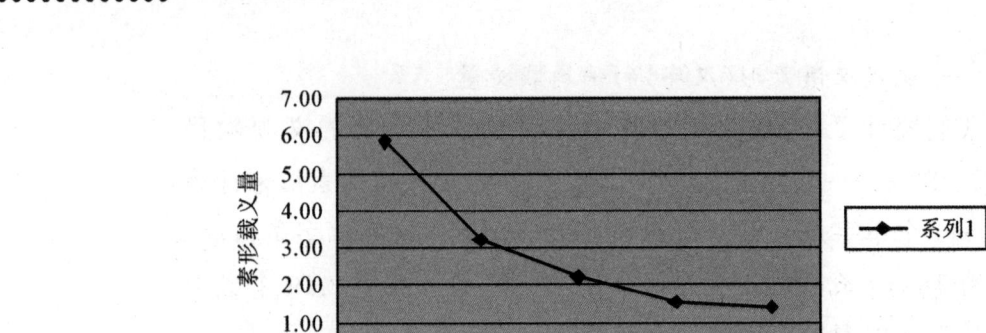

图 5-1　素形载义量与素形构词能力的关系图

研究的 50 个素形(汉字)是现代汉语中构词能力最强的,其平均载义量高达 11.62 个。

(三)素形使用频率与素形载义量的关系

针对汉字进行的频率统计工作 20 世纪 70 年代就已经展开,从 1976 年的《汉字频率表》到 1988 年的《现代汉语常用字表》再到 2005 年、2006 年的《中国语言生活状况报告》中的"报纸、广播电视、网络用字总表",给出的都是汉字表面频率的统计数据,即某个字形的使用频率,而不是建立在义项基础上的频率数据。那么素形(汉字)在语料中的实际使用频率与其载义量之间有着什么样的关系?在语料中使用频率越高的素形,载义量是否越大?我们调取了 2005 年"报纸、广播电视、网络用字总表"[①]中的前 4000 个高频素形(汉字),根据其使用频率的高低分为 4 档,考察每一档内素形的平均载义量,结果如下表所示:

[①] 根据中国传媒大学媒体语言监测中心的侯敏教授提供的 2005 年《中国语言生活状况报告》中"报纸、广播电视、网络用字总表"和"报纸、广播电视、网络高频词语表"(电子版)。

第五章 面向对外汉语教学的语素项分级

表 5-2 素形使用频率与素形载义量的关系

素形(汉字)使用频率排序	1～1000①	1001～2000	2001～3000	3001～4000
累计义项数	5534	3346	2435	1699
平均每个素形载义量	5.53	3.35	2.44	1.7

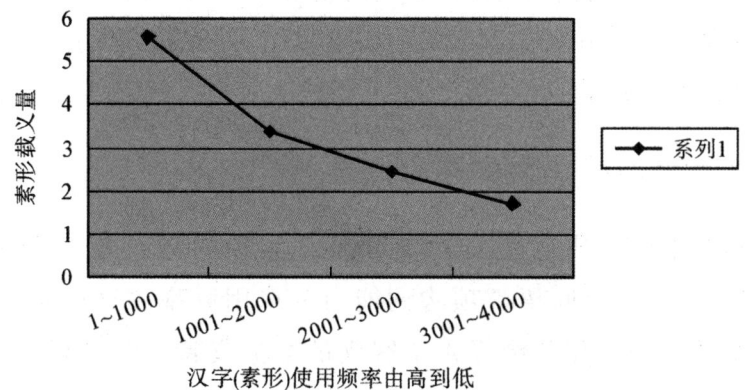

图 5-2 素形载义量与素形使用频率的关系图

我们发现这个折线图的走势和图 5-1 中折线图的走势一致,使用频率最高的 1000 个素形(汉字),平均载义量也最高,达到了 5.53 个,随着使用频率的递减,素形的平均载义量逐渐降低。可见,素形在语料中的使用频率和素形载义量也是成正比的,使用频率越高,载义量越大。

通过以上分析,我们得出的结论是:素形载义量和素形的构词能力、使用频率成正比,素形构词能力越强、使用频率越高,其载义量也就越大,其义项之间互相干扰,在留学生建立"形—义"联系的过程中造成的困难就越大。但使用频率高、构词能力强的素形(汉字),一

---

① 1～1000 表示素形(汉字)的使用频率在用字总表中排在 1～1000 位范围内。以下类推。

般又是学生从初级阶段起就必须接触的,对于此类素形的学习将贯穿于对外汉语教学的始终,频率和载义量这对矛盾是无法回避的。素形载义量的这种不平衡性决定了我们必须基于义项进行深入细致的研究,尤其是语素项频率属性方面的研究,以便根据客观数据科学地选取语素项、合理安排语素项的教学顺序,从频率和难度上为语素项分类、分级,并根据语素项的特点采用不同的教学方法,最大限度地排除高频语素项"一形多义"所造成的负面干扰。

二、语素项构词能力的不平衡性

高频素形的载义量很大,但不同语素项的构词能力和单用频率往往有很大区别,语素项构词能力和单用频率的这种不平衡性为语素项的分类和分级提供了客观的数据支持,使其具有实际操作层面上的可行性。

(一)不同素形的语素项构词能力不平衡

首先,从构词能力来看。我们所研究的50个素形所覆盖的581个语素项平均构词数达到19.62个,但语素项的构词能力又极不平衡,构词能力最高的"子(zi)❶",参与构成了942个词项;另有86个语素项则完全不参与构词。下面的表格可以帮助我们认识语素项构词能力的这种不平衡性:

表5-3 581个语素项构词能力表

语素项参与构词数量区间(个)	>30	30~26	25~21	20~16	15~11	10~6	5~0
区间内语素项数量(个)	94	11	20	35	52	102	267
区间内语素项占581个语素项的百分比	16.18%	1.89%	3.44%	6.02%	8.95%	17.56%	45.96%
区间内语素项构词总数(个)	8107	307	453	620	672	780	457

续表

语素项参与构词数量区间(个)	>30	30~26	25~21	20~16	15~11	10~6	5~0
占构词总数的百分比	71.14%	2.69%	3.98%	5.44%	5.90%	6.84%	4.01%
区间内语素项平均构词数(个)	86.24	27.91	22.65	17.71	12.92	7.65	1.71

根据统计，我们得出以下结论：

语素项的构词能力存在极大的不平衡性，占总数 16.18% 的语素项构成的词占全部语素项构词总数的 71.14%，而有近半数的语素项，构词数不超过 5 个，所构成的词仅占全部语素项构词总数的 4.01%。这种不平衡性进一步说明了以素形（汉字）为单位进行统计研究是不够的，单凭表面频率的统计结果来制定对外汉语教学的字表不够科学。在教学中，我们不但要定"形"更要定"义"，针对语素项进行频率研究具有十分重要的意义。

少数高频构词语素项构成了大部分的词，这一特点正是语素教学法的基础，在对外汉语教学中，通过对语素项的学习来提高词汇学习的效率是可行的，但语素教学法的实施必须建立在对语素项进行透彻研究和科学分级的基础上。

(二) 同一素形的语素项构词能力不平衡

不但不同素形的语素项构词能力不同，同一素形的语素项构词频率也不平衡，主要表现为下面的两种形式：

1. 独高型

有的素形承载的语素项数量虽多，但语素项的构词频率差别很大，呈现出两极分化的趋势，除了 1 个特别高频的构词语素项外，其他语素项构词能力都很弱。

如："山"一共出现在 126 个词项中，其中有 6 个词项的理据不明，词中的语素项难以辨明，其余 120 个词项中，"山"各语素项的构词频率如下：

表5-4 "山"各语素项构词情况表

语素项	素　义	语素项构词数	语素项构词百分比
山❶	地面上由土、石形成的高耸的部分	111	92.50%
山❷	形状像山的东西	5	4.17%
山❸	蚕蔟	3	2.50%
山❹	指山墙	1	0.83%

我们用柱形图来看，"山"只在1个语素项上形成了构词高峰：

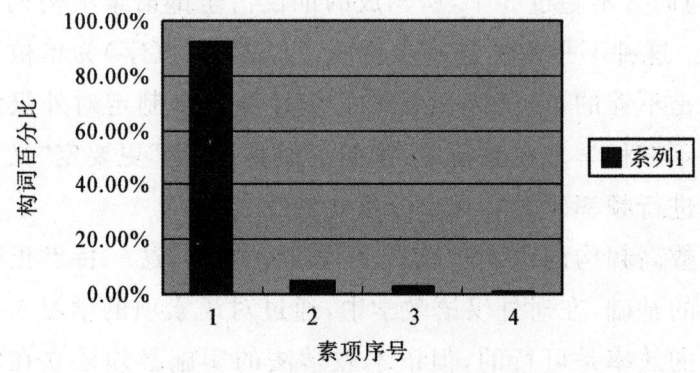

图5-3 "山"各语素项构词频率柱形图

"自"、"小"、"不"、"电"等4个素形也都只有一个高频构词语素项。在教学中，这种绝对高频的语素项十分有价值，往往能够起到举一反三的作用。

2.众高型

在我们考察的50个高频构词素形中，构词能力不平衡的情况是普遍存在的，但独高型的情况较为少见，多数情况下，一个素形有2个或2个以上的高频构词语素项。如：素形"气"一共参与构成了339个词项，其中有26个词项的理据不明，其余313个可分

析的词项中,"气"各语素项的构词频率如下:

表 5-5 "气"各语素项构词情况表

语素项	素　义	语素项构词数	语素项构词百分比
气❶	气体	45	14.38%
气❷	特指空气	45	14.38%
气❸	气息①	45	14.38%
气❹	指自然界冷热阴晴等现象	4	1.28%
气❺	气味①	8	2.56%
气❻	人的精神状态	32	10.22%
气❼	气势	42	13.42%
气❽	人的作风习气	19	6.07%
气❾	生气;发怒	7	2.24%
气❿	使人生气	0	0.00%
气⓫	欺负;欺压	2	0.64%
气⓬	中医指人体内能使各器官正常发挥功能的原动力	16	5.11%
气⓭	中医指某种病象	7	2.24%
气⓮	气数;命运	8	2.56%
气⓯	后缀,形容词词尾,相当于"……的样子"。	33	10.54%

　　结合数据来看"气"各语素项的构词频率柱形图,图中多个语素项的构词频率都较高。

　　语素项在构词频率上的不平衡性为语素项分类、分级提供了一定的依据,使其成为可能。但是,和"独高型"素形的情况不同,"众高型"素形的多个语素项构词能力都较强,在这种情况下,如果不安排好语素项学习的具体顺序,很容易造成记忆上的混乱。因

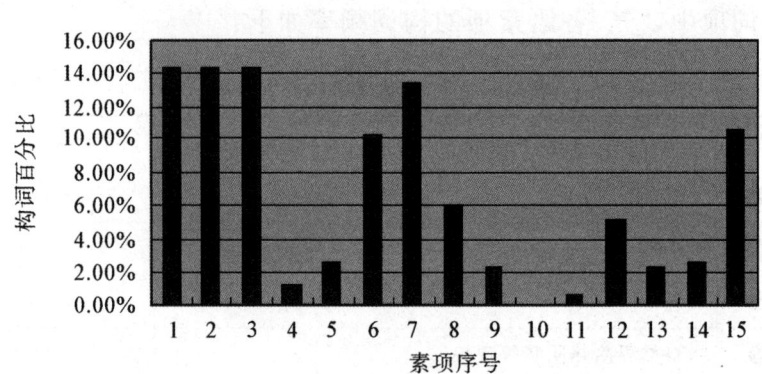

图 5-4 "气"各语素项构词频率柱形图

此,要科学地为语素项分类、分级,仅凭语素项构词频率数据还不够,还得看语素项单用的情况。

三、语素项单用频率的不平衡性

除了在构词频率上呈现出不平衡的状态,语素项的单用频率也不平衡。这 50 个素形覆盖的 581 个语素项单用[①]的总频次达到 35392 次,平均每个语素项单用频次达到 60.92 次,这个平均数也是比较高的。但具体分析起来,语素项单用的情况也极不平衡。单用频次最高的是语素项"一❶"(最小的正整数),在语料中单用次数高达 5385 次,单用频次最低的则为 0,最高值和最低值之间的落差极大,下面的表格可以帮助我们进一步认识语素项单用频率不平衡的情况:

---

① 数据来源见第三章第一节的说明。

表 5-6　581 个语素项单用频率情况表

语素项单用频次区间(次)	>100	100—81	80—61	60—41	40—21	20—0
区间内的语素项数(个)	42	10	15	13	30	471
区间内语素项占 581 个语素项的百分比	7.23%	1.72%	2.58%	2.24%	5.16%	81.07%
区间内语素项单用总频次(次)	31 219	888	1 088	641	846	710
区间内平均每个语素项单用频次(次)	743.31	88.80	72.53	49.31	28.20	1.51
占所有单用次数的百分比	88.21%	2.51%	3.07%	1.81%	2.39%	2.01%

从表格中,我们得到的信息是:占总数仅 7.23% 的 42 个语素项,其单用频次占到 581 个语素项单用总频次的 88.21%,可是,占总数 81.07% 的另 471 个语素项基本不能成词单用。语素项单用频率的这种不平衡性,为语素项的分类、分级提供了另一种参考数据。有的语素项构词频率一般,但单用频次很高,也应成为对外汉语教学的对象。

与语素项构词的情况相比,语素项单用频次的分布更加不平衡,我们把 581 个语素项按照构词次数和单用频次由高到低分别排序,计算语素项构词的累计频率和语素项单用的累计频率,把两种频率分别达到 80%、85%、90%、95% 时语素项的序号标出来,结果如下:

表 5-7　语素项构词累计频率、单用累计频率和语素项序号的关系

语素项构词累积频率	对应的语素项序号	语素项单用累积频率	对应的语素项序号
95.02%	296	95.00%	86
90.08%	223	90.20%	55
85.02%	174	85.20%	36
80.13%	139	80.49%	26

比较以上两组数据,我们得到了这样的信息:在这581个语素项范围内,仅86个语素项单用次数的累计频率就达到了这些语素项单用总次数的95%,但296个语素项所构词的数量才能达到语素项构词总数的95%,可见高频单用语素项比高频构词语素项要来得集中。在几个语素项的构词频率比较接近时,语素项的单用频率能够起到一定的区别作用,帮助我们进一步明确语素项的学习顺序。构词能力和单用频率都极低的语素项,可以排除在对外汉语字词教学的范围外。

总之,素形的表面频率和素形载义量之间构成了一对矛盾,表面频率越高、构词能力越强,素形载义量就越大,因此,对外汉语教学中,我们必须对素形所对应的语素项进行分类、分级;语素项在构词能力和单用频率上的不平衡性为语素项的分类和分级提供了基本的频率依据,当然,除了这两个频率因素之外,语素项分类、分级还应参照语素项在其他方面的属性,下面我们将具体介绍语素项分类、分级的意义、方法、步骤和各种参数的设置。

第二节 语素项分类、分级的意义和基本思路

一、语素项分类、分级的意义

80年代后期已有学者明确提出"语素法",语素在字词教学中的作用越来越受到重视,但时至今日,在对外汉语教学实践中,语素教学仍然处于依靠教师个人经验零敲碎打的阶段。要实现语素教学的系统性、科学性,我们必须弄清什么样的语素适用于语素教学法;针对不同类型的语素应分别采用什么样的教学方

法；如何协调语素和词在教学中的关系，以便最大限度地发挥语素教学法的作用等等。这些问题的解决必须建立在语素分类、分级的基础上。词和素的学习是密不可分的，对语素进行分类、分级，也有助于进一步完善对外汉语词汇教学。在汉语中，越是常用的语素，一素多义的情况就越严重，语素在各个义项上的构词能力、单用频率等属性不同，因此，语素分级问题必须落实到语素项上。针对语素项进行的分类、分级研究是实现语素教学系统化、科学化的基础。

早期的频率研究多局限于对表面频率的研究，即统计某个词形或字形在语料中出现的频率，只计算形式的复现，而没有考虑到字形或词形掩盖下的多义问题。在为字、词分级时，这些统计资料是远远不够的，尤其是面向对外汉语教学的字、词分级，如果字词大纲仅规定某个字形或词形出现的顺序，而不对其义项的取舍和排序做出一些规定，用大纲来指导教学实践、教材编写时，"随文释义"的情况就不可避免，义项出现的随意性将大大削弱大纲和教材的科学性。近年来，词的义频研究逐渐得到了重视，基于义项的语素研究则稍显落后。本研究的目的之一就是弥补现有频率资料的不足，并根据语素项的各种属性，尤其是频率属性来为语素项分级，分级的结果对于《汉字大纲》的修订也有一定的参考价值。

二、语素项分类、分级的基本思路

吕文华(2000)曾提出"语素教学的分级有两个层次，一是纵向的层面，分布在初级、中级、高级三个阶段；二是横向的层面，语素教学的某一具体项目的等级划分"[①]。对于语素项的分类、分

[①] 吕文华.建立语素教学的构想[C]//第六届国际汉语教学讨论会论文选.北京：北京大学出版社，2000.

级,我们总体上的思路为:定"形"(素形)——定"义"(语素项)——定"序"(级内排序)——定"法"(教学方法),包括以下几个步骤:

(一)定"形"——素形的分类

在素形(字频)统计方面,研究成果比较丰富,素形频率数据能够帮助我们区别常用素形与非常用素形,缩小语素项分类和分级研究的范围。

(二)定"义"——语素项的筛选分类

语素项的总数庞大,对外汉语教学的容量有限,因此,我们首先要依据语素项构词数、单用频次、所构高频词数[①]等数据对语素项能否进入对外汉语教学范围进行第一次筛选,分为:X)对外汉语教学范围内的语素项;Y)对外汉语教学范围外的语素项两类。

在对外汉语教学中,素和词的教学是同步进行的,因此在分级时,也要考虑到语素和词两个层面的分工配合,对于 X 类语素项而言,针对其能否独立出来进行语素教学,我们还应进行第二次筛选,把语素项分为:X1)可独立出来学习的语素项;X2)没有独立学习价值,只适用于整词教学的语素项。

经过上面两道工序的筛选之后,我们把不适合对外汉语教学和不适于独立教学的语素项剔除了出去,剩余的 X1 类语素项具有独立教学的可能性。然而语素项的自由度不同,语素项在教学中的侧重点也不同,只能单用和多为单用的语素项构词能力很弱,只需作为单音词来教学,与它们有关的分级问题实际上是词的分级问题,本书中不作讨论。余下的语素项或是构词能力和单

---

① 本书选用 2005 年《国家语言生活状况报告》公布的"报纸、广播电视、网络高频词语表"10356 个词形所含的词项,与 581 个语素项对照起来,建立了"词、素关系分析表",在此基础上统计了语素项所构的高频词数。

用能力相当,或是构词能力大大强于单用能力,是对外汉语教学中语素教学法的重要对象,也是本研究中语素项分级讨论的对象。因此,我们还要以语素项的自由度作为依据,进行第三次筛选分类,把 X1 类语素项分为 X1a 和 X1b 两类,其中 X1b 类语素项只作为单音词教学,X1a 类语素项则是我们进行语素项分级研究的对象。

(三)定"序"——语素项分级和级内语素项排序

X1a 类语素项的学习顺序,既要考虑语素项的频率参数,也要考虑学习语素项的难度参数,两种参数的地位和作用不一样。

频率参数反映的是学习某个语素项的重要性,重要性弱的语素项,无论其学习难度是高是低,学习顺序都应靠后;重要性强的语素项,即便其学习难度较高,学习顺序也不可能太靠后,只能把它当作教学中的一个难点来强调。从常用先学、急用先学的原则来看,频率参数能帮助我们从大方向上把握某个语素项应处的学习阶段,而难度参数则是语素项排序的次要依据,它的作用主要在于调整级别内语素项的学习顺序。

语素项的总量很多,把它们的频率参数值按区间进行划分,能够帮助我们初步圈定初、中、高三个级别应学语素项的范围,这个过程就是语素项分级的过程;具体的频率参数值则能体现语素项在使用频率上的细微差别,适用于在一定级别内对语素项的具体学习顺序进行调整,因此在各级别内,我们可以再依据具体的难度参数值和频率参数值来排定语素项学习的先后顺序,即进行语素项的级内排序。

(四)定"法"——对语素项进行教学方法上的标注

教学过程中,我们不仅应解决语素项学习顺序的问题,还应针对不同类型的语素项采用不同的教学方法。如:对于既能构词又能单用的语素项,是先把它作为单音词来教,还是先把它作为合成词的构件来教,即采用"由素到词"的方法还是"由词及素,再推及词"的方法?应采用"合成法"还是"分解法"?因此,在分级和级内排序工作完成之后,我们还应根据语素项的自由度、构词时的平均显义度等参数,给出教学方法上的参考标注,以便指导教学实践。

语素项分类、分级、级内排序的大致流程如下图所示:

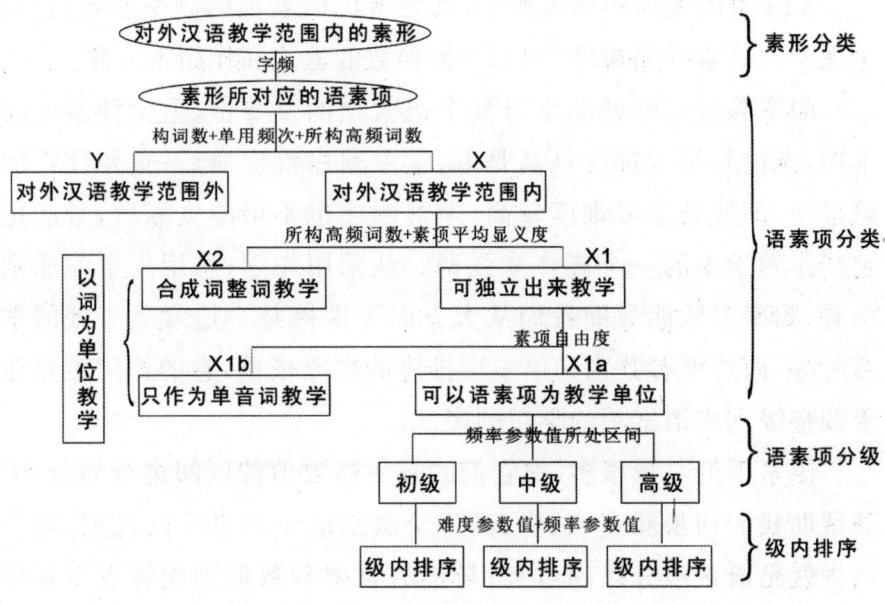

图 5-5 语素项分类、分级、级内排序的流程图

这个流程图展示了语素项分类、分级的基本思路,下面我们将具体介绍语素项分类、分级时所依据的各种参数及分类、分级的具体操作过程。

第三节 素形、语素项分类的依据及操作过程

一、与素形、语素项分类有关的四种频率因素

与素形、语素项分类有关的频率因素有四种:从形义结合的角度上来说,语素项的外在表现形式是素形,我们既要考虑到"形"的频率问题,也要考虑到"义"的频率问题。其次,语素项是一个义项上的语素,作为最小的音义结合体,汉语的语素具有双重性质,在合成词中,语素项是词项的建筑材料;当语素在某个义项上单独成词时,语素项和词项可以直接画上等号。许多语素项既能构词又能单用,语素项既可能作为合成词的构词材料出现,也可能作为单音词出现,因此,我们既要考虑语素项的构词频率,也要考虑到语素项的单用频率。最后,在对外汉语教学中,单音词和合成词的教学是同步进行的,语素项的分类还可能受到合成词使用频率的干扰。综合以上考虑,我们把与语素项分类有关的频率因素分为两类四种:

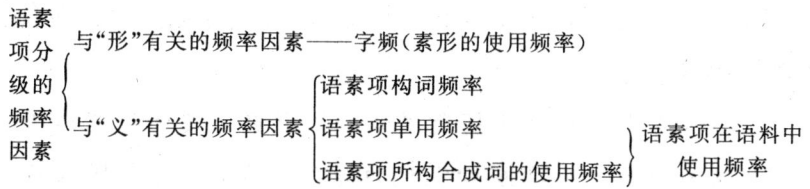

图 5-6 与语素项分类有关的频率因素

(一)字频(素形)数据的来源和筛选作用

字频(素形)研究起步较早,成果较丰富,在这方面有很多频率数据可供参考。字频统计是以字形(素形)为单位进行的,只能提

供字(素形)在实际语料中的表面频率数据,即一个字(素形)在所有义项上总的使用频率。《现代汉语常用字表》、《汉字大纲》等多种字表的制定就是建立在字频统计基础之上的。本书所用的字频数据为2005年"国家语言生活状况报告"公布的"报纸、广播电视、网络用字总表"中覆盖率达到90%以上的高频字表(以下简称"高频字表")和《现代汉语频率词典》(1986)中的"汉字构词能力分析表"。

字频数据的作用仅在于区分常用素形和非常用素形,在我们尚无能力系统全面地研究语素项在全部语料中的构词频率和所构词项实际使用频率的情况下,字频数据能帮助我们初步圈定应学素形的范围,降低语素项研究的难度。

(二)语素项构词频率及单用频率的数据来源和筛选作用

字频数据只能用于素形的筛选,我们在本章第一节中已经指出,使用频率、构词频率高的素形,载义量往往很大,在这种情况下,必须依靠与"义"有关的频率数据来进一步筛选语素项,帮助我们缩小学习的范围,突出学习的重点。语素项构词和单用频率数据的来源详见本书第一、二、三章。根据这两种数据,我们能够初步剔除现代汉语中构词和单用频率都极低的"惰性"语素项,如:"花[1]⑯"(天花)构词数和单用频次均为0,完全可以排除在对外汉语教学范围外。

(三)语素项所构合成词使用频率的数据来源和筛选作用

构词频率反映了语素项的构词能力,单用频率反映了语素项在语料中单用的能力。在实际语料中,语素项既可能以单音词的身份出现,也可能作为合成词的组成成分出现,除了单用频率之外,语素项所构合成词在语料中的使用频率对语素项分类也有影响。

严格意义上来说,语素项所构合成词的使用频率应为它所构合成词各词项使用频率之和,也就是说,我们必须统计合成词各词项在语料中的使用频率,并把词项和语素项对应起来,才能得到准确的数据。这样的统计工作规模之大,单凭一己之力不可能完成。我们注意到合成词在语料中的分布同样是不平衡的,从《现代汉语频率词典》的高频词表来看,汉语中 4138 个高频词已能覆盖语料的 90.00%,7838 个高频词已能覆盖语料的 95.00%。从 2005 年"国家语言生活状况报告"公布的"报纸、广播电视、网络高频词语表"[①]来看,10356 个高频词已能覆盖语料的 90.00%。这些数据表明:高频词在语料中的覆盖率很高,因此,我们只需研究某个语素项构成高频合成词的情况,基本能够反映出该语素项所构合成词在语料中的使用频率。

统计语素项所构高频词数的步骤和方法如下:

1.确定高频合成词条目

由于语料规模、统计时间、语料分布、分词词表等方面的不同,各种高频词表之间存在着一些差异。出于语料规模、统计时间等方面的考虑,本研究选用的是 2005 年"国家语言生活状况报告"公布的"报纸、广播电视、网络高频词语表"(以下简称"高频词表"),表中共有 10356 条词,累计频率达到 90%。

目前的词频统计结果大多是机器分词加上人工干预得出的,计算机分词有自己的分词词表,其词目的确立标准与词典收词的标准不完全相同,因此,高频词表中往往会有一些词目是词典中未收录的。我们比较《现汉》中的双音词词目和"高频词表"中的双音词词目,发现在 50 个素形所构词的范围内,"高频词表"中有 378

---

① 调查语料分为平面媒体、有声媒体、网络媒体三种,共计 892034 个文本文件,909429700 字符次,其中汉字出现 732143010 字次。

个词目是《现汉》中未收的,1480个词目是《现汉》中已收的。378个《现汉》未收的词目如:"不好"、"一类"等,多介于词和短语之间,为了保持词目的统一性,我们把研究范围圈定在"高频词表"与《现汉》重合的这1480个词目范围内。

2.判断高频合成词所对应的语素项

无论是1986年的《现代汉语频率词典》,还是2005年、2006年的"高频词表",统计的都是词的表面频率,不涉及同一词形的不同词项在使用频率上的差别。这1480个高频合成词可以分为两大类:单义高频词和多义高频词。单义高频词只有一个词项,对照我们已有的"词、素关系分析表"就能确定它所对应的语素项。多义高频词各词项的使用频率可能不同,"高频词表"中并未指明它们究竟在哪个义项上使用频率高,目前也还没有一个完整的基于词项的合成词频率数据库可供使用,在这种情况下,我们采用以下两种方法来辨别和统计多义高频词所对应的语素项:

第一,对照"词、素关系分析表",如果1个高频词的多个词项共用1个语素项,我们就认为该语素项在高频词范围内被使用了1次。

如:"色彩"一词位于"高频词表"的第2930位,它包含两个词项:"色彩❶"(颜色),"色彩❷"(比喻人的某种思想倾向或事物的某种情调)。"色彩❶"和"色彩❷"所用语素项相同,只不过,"色彩❷"的词义是素义结合后引申出来的。无论"色彩"一词中哪个词项是真正的高频词项,其所对应的"色"的语素项都是一样的,因此,我们认为语素项"色(sè)❶"参与构成了这个高频词,在高频词范围内被使用了1次。

第二,对照"词、素关系分析表",如果1个高频词形的不同词项用到了不同的语素项,我们就必须回到语料中补充调查这些高频词各词项的实际使用情况,找出其中真正高频的词项。我们的做法是:调取国家语委平衡语料库①中含该词形的语料——分析语料中词项的分布情况——确定该词形下真正的高频词项——把高频词项和语素项对应起来。在我们研究的 1480 个词的范围内,有 134 个需要进行这种补充调查。

如:"生产"一词有两个词项:"生产❶"(人们使用工具来创造各种生产资料和生活资料)"生产❷"(生孩子)。

其中"生"的语素项分别为"生^{1}❽"(产生;发生)和"生^{1}❶"(生育;出生)。

我们检索国家语委平衡语料库,得到 9348 条相关记录,逐条分析这些句子中"生产"一词的意思,得到以下统计结果:

表 5-8 "生产"一词各词项的使用频率

词项	使用次数	占总次数百分比
生产❶	9326	99.76%
生产❷	22	0.24%
小计	9348	100%

我们据此判断"生产❶"为真正的高频词项,从而判定语素项"生^{1}❽"在高频词中被使用了 1 次。

通过以上的方法,我们辨明了 1480 个高频词所对应的语素项,统计各语素项所构高频词项数,并把它作为语素项分类的依据之一。

构词数、单用频次、所构高频词数都极低的语素项,自然应排除在对外汉语教学范围外。如果某个语素项的单用频次极低,构词数较高,但由它所构的高频词数量为 0,则该语素项也应排除在

---

① 指国家语委 2000 万字精加工语料库(网络版)。

对外汉语教学范围外。如:"花¹❺"(花纹)在语料中单用次数为2,构词数为32,构词能力是较强的,但它所构成的合成词无一进入高频词行列,我们认为"花¹❺"可以排除在对外汉语教学范围外,属于Y类语素项。如果某个语素项单用频次极低,构词数较高,但它所构合成词中仅有极个别是高频词,我们也没有必要把该语素项独立出来教学,只需进行词汇层面上的整词教学。如:"体❸"(文字的书写形式;作品的体裁)在语料中单用次数为0,构词数为32,构词能力较强,但它所构成的合成词中,只有"繁体"一词位居"高频词表"第2376位,因此我们把该语素项归为X2类语素项,在教学中采用整词教学的策略,不刻意强调语素项的意义和用法。

除了以上这四种频率因素之外,平均显义度在语素项分类过程中也能起到一定的筛选作用,有的语素项有一定的构词能力,并构成了一定数量的高频词,但构词时平均显义度较低,我们把它放入整词教学的行列,不把语素项独立出来学习。平均显义度在0.60以下的实义语素项我们一般应采取整词教学策略,而不用语素教学法。

下面我们以"白"、"色"、"流"三个素形及其所覆盖的语素项为例,介绍语素项分类的具体操作过程:

二、素形、语素项分类的操作过程

(一)以字频为依据筛选素形

从字频数据来看,"白"、"色"、"流"都是一级常用字,分别位居2005年"高频字表"第619位、第429位、第305位,构词能力分别位居"构词能力分析表"第42位、第12位、第43位,都是对外汉语教学应学的素形。

(二)根据与"义"有关的频率数据和平均显义度筛选语素项

"白"共承载了14个语素项、"色"共承载了8个语素项、"流"

共承载了9个语素项。同一素形下的诸多语素项不可能在教学的同一阶段全部端出来,语素项的学习是一种滚动式、积累式的学习,哪个先学,哪个可以靠后,哪个可以完全不学,需要我们进一步参考与"义"有关的频率数据来确定。

"白"、"色"、"流"各语素项的构词数、单用频次和所构高频词数情况如下:

表5-9 "白"、"色"、"流"各语素项构词数、单用频次和所构高频词数

语素项	音项	素　义	语素项构词数	语素项单用频次	语素项所构高频词数	平均显义度
白❶①	bái	像霜或雪的颜色(跟"黑"相对)	116	97	5	0.73
白❷	bái	光亮;明亮	10	0	1	0.73
白❸	bái	清楚;明白;弄明白	8	0	1	0.69
白❹	bái	没有加上什么东西的;空白	36	0	1	0.63
白❺	bái	没有效果;徒然	6	17	0	0.71
白❻	bái	无代价;无报偿	4	5	0	0.88
白❼	bái	象征反动	1	0	0	0.75
白❽	bái	指丧事	1	0	0	1
白❾	bái	用白眼珠看人,表示轻视或不满	0	2	0	0
白❿	bái	(字音或字形)错误	2	0	0	0
白⓫	bái	说明;告诉;陈述	12	0	0	0.63
白⓬	bái	戏曲或歌剧中在唱词之外用说话腔调说的语句	15	0	0	0.9
白⓭	bái	指地方话	1	0	0	0.88

---

① 本书中其余地方语素项的标号都是根据所属的语素来标的,如:白¹❶,只有在本章三、四节中不区别语素,而是按照所属的素形来标,这是为了以比较直观的方式来说明语素项筛选和分级的过程,也是为了作图的方便。但如果遇到多音的情况,还是会将音项标明,如:长(cháng)❶。

续表

语素项	音项	素义	语素项构词数	语素项单用频次	语素项所构高频词数	平均显义度
白⑭	bái	白话	0	1	0	1
色❶	sè	颜色	92	17	10	0.75
色❷	sè	脸上表现的神情；神色	26	4	1	0.83
色❸	sè	种类	8	0	2	0.59
色❹	sè	情景；景象	9	0	0	0.83
色❺	sè	物品的质量	6	0	0	0.29
色❻	sè	指妇女美貌	11	0	0	0.93
色❼	sè	指情欲	4	0	1	0.88
色❽	shǎi	〈口〉颜色	13	0	0	0.83
流❶	liú	液体移动；流动①	69	73	11	0.68
流❷	liú	移动不定	29	1	1	0.71
流❸	liú	流传；传播	14	0	2	0.8
流❹	liú	向坏的方面转变	0	1	0	0
流❺	liú	旧时的刑罚，把犯人送到边远地区去	3	0	0	0.83
流❻	liú	指江河的流水	46	1	4	0.82
流❼	liú	像水流的东西	13	1	1	0.75
流❽	liú	品类；等级	14	4	1	0.79
流❾	liú	流明的简称。……	0	0	0	0

1.第一次筛选

我们先根据语素项构词数、单用频次和语素项所构高频词数的情况，对语素项是否在对外汉语教学范围内进行了第一次筛选："白❼"、"白❽"、"白❾"、"白❿"、"白⓭"、"白⑭"；"流❹"、"流❺"、"流❾"的构词数、单用频次都为0或接近于0，应排除在对外汉语教学范围外。"白⓫"、"白⓬"；"色❹"、"色❺"、"色❻"、"色❽"虽然有一定的构词能力，但单用频次为 0 或接近于 0，所构高频词数为 0，也不应作为对外汉语教学的对象。以上 15 个语素项都属于 Y 类语素项，其余语素项则是 X 类语素项。

2.第二次筛选

在 X 类语素项中，根据所构高频词数和平均显义度①的情况，我们对语素项能否独立出来教学进行了筛选，认为："白❷"、"白❸"、"白❹"；"色❸"、"色❼"；"流❷"、"流❸"、"流❼"虽然有一定的构词能力，但单用频次为 0 或接近于 0，且所构成的合成词中仅有极个别进入高频词的行列，没有独立出来教学的必要。以上 8 个语素项为 X2 类语素项，其余语素项则是能够独立出来教学的 X1 类语素项。

3.第三次筛选

经过两次筛选分类之后，31 个语素项中仅有"白❶"、"白❺"、"白❻"；"色❶"、"色❷"；"流❶"、"流❻"、"流❽"等 8 个语素项可独立出来教学。我们以语素项自由度为依据进行了第三次检验，目的是剔除只能作为单音词教学的语素项。检验结果是：这 8 个语素项中没有只能单用或多为单用的语素项，因此都属于 X1a 类语素项，语素教学法是适用的。

按照这种方法，我们对 581 个语素项经过筛选分类后，仅有 190 个 X1a 类素项适用于语素教学法。下面，我们进一步介绍 X1a 类素项的分级过程。

---

① 这 3 个素形范围内，平均显义度的筛选作用没有体现出来，因为平均显义度低于 0.6 的语素项已在第一次筛选中被归入 Y 类了。

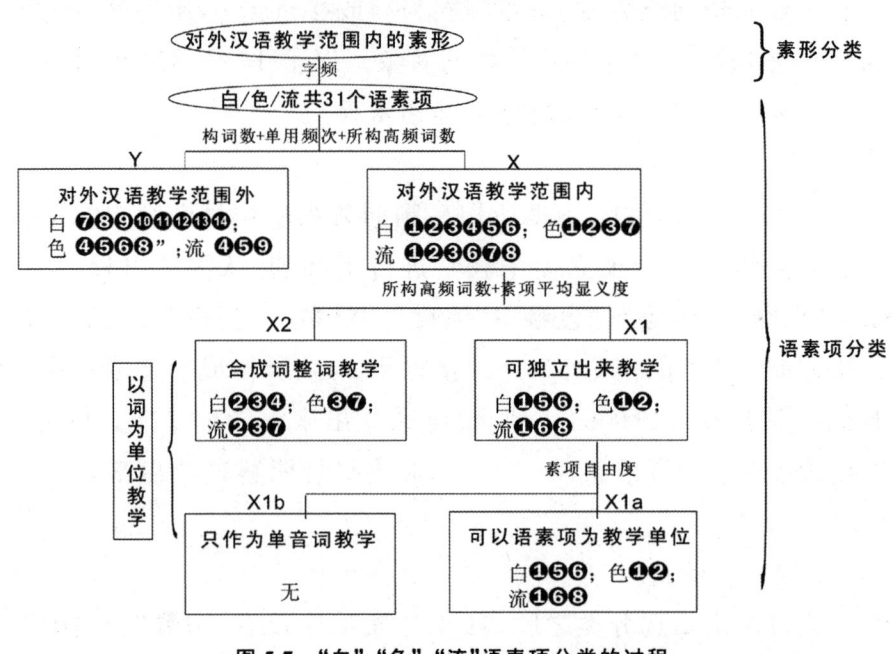

图 5-7 "白"、"色"、"流"语素项分类的过程

第四节 语素项分级的频率参数和操作过程

一、频率参数的设置

语素项分类完成后,接下来的问题是 X1a 类语素项如何分布到初、中、高三个级别中去,以便顺利实施语素教学法。在第二语言教学中,无论是功能、语法、句型、词汇还是语素,频率都是影响习得的最重要的因素。频率参数反映的是学习某个项目的"重要性",根据常用先学、急用先学的原则,我们主要依据频率参数来为语素项分级。

与语素项分级有关的频率因素可能包括构词频率、单用频率和语素项构成高频合成词的频率三种,那么是不是这三种数据都应作为语素项分级的频率参数呢?我们来一一分析:

(一)语素项构词频率是语素项分级的重要依据之一

从汉字学习的角度来看,江新、赵果等人(2006)对影响外国学生字词学习的因素进行了实验研究,结果证明,汉字的出现频率、构词数、笔画数、部件数与汉字学习效果都是相关的,其中汉字的构词数与汉字学习效果的关系最为密切。另一方面,从词汇教学的角度来看,无论"语素法"还是"字本位教学法",看重的都是语素构词的能产性,希望通过语素的学习达到迅速扩充词汇量的目的。因此,语素项的构词频率应当是分级最重要的依据之一。

(二)语素项单用频率应作为语素项分级的频率参数之一

邢红兵(2006)曾对《大纲》进行统计分析,结果是:甲级词中,自由语素[①]占82%,这说明在词汇学习的初级阶段,留学生要掌握大量的自由语素,且在自由语素中,有77%的语素独立成词的用法早于构词,或者单独成词和参与构词的用法在《大纲》中首现的级别相同。他的研究是分义项进行的,所谓的"自由语素"相当于既能成词又能单用的语素项,也就是说,初级阶段既能成词又能单用的语素项最多,可见语素项单用频率的高低也可能会直接影响到语素项的分级,因此,单用频率数据也应成为语素项分级的主要频率参数之一。

在语素项分级过程中,构词频率和单用频率共同起作用,两种频率都高的语素项学习的价值最大,如果出现两种频率一高一低的"跛脚"现象,就可能影响语素项的学习顺序。如:有的语素项构词能力一般,但它作为单音词在语料中的使用频率较高,如:语素

[①] 邢红兵所说的"自由语素"指的是在"等级词汇"范围内可以单独成词也可以参与构词的语素。

项"下²❶"(由高处到低处),构词次数仅为13,但在语料中单用频次为138次,单用频率较高,语素项学习的时间可能因此而提前。有的语素项构词数较高,但单用频次不高,如:"气❼"(气势)构词数为42,但单用频次仅为3,语素项学习时间可能因此而推后。

(三)语素项所构高频词数在X1a类语素项分级过程中所起的作用不大

在为语素项分类的过程中,那些构成高频合成词数量极少的语素项已被剔除出去了;在针对X1a类语素项进行分级的过程中,只有当语素项所构高频合成词达到一定数量时,合成词的使用频率才可能对语素项的分级产生影响。我们假设这种影响可能通过两种方式来实现:(1)某个语素项单用频率不高,有一定的构词能力,且构成了一定数量的高频词,这些词在高频词范围内位置普遍靠前,使得该语素项的学习时间可能需要提前。(2)某个语素项的单用频率不高,有一定的构词能力,且构成了一定数量的高频词,但这些词在高频词范围内出现的位置普遍靠后,语素项学习时间可以相应推后。

这两种情形出现的几率有多大?为了解答这一问题,我们首先对语素项的构词数和所构高频词数进行了简单相关关系的分析,结果如下:

表 5-10 语素项构词数与所构高频词数的相关关系分析①

		语素项构词数	语素项构成高频词数
语素项构词数	Pearson Correlation	1	.725(**)
	Sig. (2-tailed)	.	.000
	N	581	581
语素项构成高频词数	Pearson Correlation	.725(**)	1

① 该表为运行SPSS统计软件返回的结果。

续表

		语素项构词数	语素项构成高频词数
	Sig. (2－tailed)	.000	.
	N	581	581

＊＊Correlation is significant at the 0.01 level (2－tailed).

相关分析的结果显示,在 0.01 的显著水平下,语素项构词数和所构高频合成词数的相关系数为 0.725,说明两者之间存在较明显的正相关关系。也就是说,一般情况下,语素项构词数越多,所构合成词中进入高频词行列的就越多。由于我们已将构词频率作为语素项分级的一个重要参数,语素项所构高频合成词数对分级的影响大体上可由构词频率参数表现出来,不需重复计算。

另一方面,我们根据语素项构词数和所构高频合成词数的具体数据来检验上文中提出的高频合成词对语素项分级产生影响的两种假设是否成立,发现第一种情况发生的可能性极低,在我们所调查的 50 个素形范围内不存在这样的现象,假设基本不成立。第二种情况偶有发生,如:"力❹"(尽力;努力)在语料中单用次数为 1,构词数为 18,所构合成词中有 4 个进入了高频词行列,分别为:"力争"(4369 位)"不力"(7252 位)、"力克"(7762 位)、"力求"(8114 位),这 4 个词在高频词范围内位置比较靠后,因此"力❹"作为构词语素项独立出来学习的时间也可相对靠后。但我们发现符合这种情况的语素项数量极少,且此类语素项的构词能力和单用频率普遍不突出,即使我们不考虑高频合成词的问题,仅以构词频率和单用频率作为语素项分级的参数,这类语素项的学习时间也应是靠后的。综上所述,语素项所构高频词的数量对 X1a 类语素项的分级来说,基本不会产生特别重大的影响。

根据以上分析的结果,我们认为与构词频率和单用频率相比,语素项所构合成词的使用频率对 X1a 类语素项分级的影响几乎可以忽略不计。因此，我们只取构词频率和单用频率作为 X1a 类语素项分级的频率参数。

二、频率参数的赋值

构词频率和单用频率是语素项分级所依据的频率参数，但语素项构词数的绝对值在 0～942 之间，语素项单用频次的绝对值在 0～5385 之间，最高值和最低值之间的差距太大，不便比较，只有把绝对值转化为相对的参数值来进行比较，才能顺利为语素项分级。我们把语素项的构词数、单用频次分别分成 12 档来赋值，赋值结果记为"构词频率参数值"和"单用频率参数值"，取值范围均为 0～11。

表 5-11　语素项构词频率参数和单用频率参数的赋值规则

语素项构词频率参数赋值规则		语素项单用频率参数赋值规则	
构词数	构词频率参数值	单用次数	单用频率参数值
大于 50	11	大于 100	11
46～50	10	91～100	10
41～45	9	81～90	9
36～40	8	71～80	8
31～35	7	61～70	7
26～30	6	51～60	6
21～25	5	41～50	5
16～20	4	31～40	4
11～15	3	21～30	3
6～10	2	11～20	2
1～5	1	1～10	1
0	0	0	0

三、语素项分级的具体过程

我们还是以"白"、"色"、"流"3个素形为例,经过三次筛选分类之后,"白"、"色"、"流"所对应的31个语素项中仅有8个可独立出来作为教学单位,分级对象的范围大大缩小。下面,我们根据频率参数值来为这8个X1a类语素项分级。

频率参数值与语素项学习顺序之间的关系应是正相关的,即频率参数值越大,语素项的重要性越强,语素项学习的顺序应该越靠前。我们把语素项的构词频率参数值和单用频率参数值相加,得到频率参数总值。在我们研究的50个素形范围内,X1a类语素项的频率参数总值最高的为22,最低的为2,最高值和最低值之间的全距为20。根据两端数值和全距值,我们对语素项进行三级划分,按照频率参数总值所处的区间,把语素项归入应属的级别:

表 5-12 语素项频率参数总值所处区间和语素项应属级别对照表

语素项频率参数总值所处区间	语素项应属级别
2～8	高级
9～14	中级
15～22	初级

按照这一方法来分级,"白"、"色"、"流"的8个X1a类语素项分级结果如下:

表 5-13 "白"、"色"、"流"语素项分级情况

语素项	构词频率参数值	单用频率参数值	频率参数值合计	建议级别
白❶	11	10	21	初级
白❺	2	2	4	高级
白❻	1	1	2	高级

续表

语素项	构词频率参数值	单用频率参数值	频率参数值合计	建议级别
色❶	11	4	15	初级
色❷	6	1	7	高级
流❶	11	8	19	初级
流❻	10	1	11	中级
流❽	3	1	4	高级

我们根据频率参数值所处区间来为190个X1a类语素项分级,结果是:初级共有47个语素项,中级有56个语素项,高级有87个语素项。这个递增的梯度比较符合对外汉语教学循序渐进规律的。(各级别语素项的具体情况,请看附录二)

应该注意的是:我们所依据的构词频率数据是在汉语作为第一语言材料的基础上统计出来的,单用频率数据虽然是从对外汉语教材语料库中得来的,但这些教材的编写者也是中国人,总的来说,这两个频率数据都是在汉语作为第一语言的基础上统计得出的。从严格意义上来说,对外汉语教学研究所用的语料还应考虑学习者的因素,如果加入依据中介语语料统计得出的频率数据,分级结果可能会稍有不同。而且在对外汉语教学过程中,我们还要根据教学环境、教学目的、教学对象的不同,对学习内容进行适当调整。因此,我们依据现有的两个频率参数拟定的语素项级别只是"建议级别",允许根据实际需要进行微调。如:语素项"分(fēn)❺"(分数①),频率参数总值仅为4,但是在对外汉语教学实践中,尤其是课堂教学用语中,该语素项的使用频率是较高的,而且在初级阶段就可能遇到,可以考虑将其级别修正为"初级"。

第五节 难度参数与语素项的级内排序

一、难度参数的设置

根据频率参数值所处的区间,我们大致明确了对外汉语教学各阶段应学语素项的范围,但这仍是一个比较笼统的阶段性信息,初、中、高各阶段应学语素项的总数都不少,分级结果还不能直接运用到教材编写和教学实践中去,在具体的教学实践中,各级别内的 X1a 类语素项在学习顺序上有先后之分,因此我们还应尝试对各级别内的 X1a 类语素项进行级内排序。

各级别内,语素项的学习顺序既与频率参数值有关,也与语素项学习起来的难度有关。在同一级别内,频率参数值相同的语素项,学习难度越高,学习的顺序应越靠后;同一级别内,学习难度差不多的语素项,其频率参数值越大,学习的顺序应越靠前。在上一节中,我们已对频率参数值作了说明,那么如何来衡量语素项学习的难度呢?我们认为,以下几种因素与语素项学习的难度有关,可以作为级内排序的难度参数:

(一)从"音"、"形"、"义"结合的角度来看:

1.素形的书写难度应作为衡量语素项学习难度的参数之一

语素项在书面上表现为素形(汉字),素形的书写难度必然影响语素项的学习效果。徐晓羽(2004)对留学生复合词认知中的语素意识进行过研究,他的实验证明,汉字字形对留学生根据语素义理解新词词义有着较大的干扰作用。江新、赵果等(2006)的实验研究证明:外国人的汉字学习效果受汉字出现频率、构词数、字形复杂性的影响,出现频率越高、构词数越多、笔画数和部件数越少,学习效果越好。

　　素形越复杂、笔画数越多,语素项学习的难度越大,因此,我们把素形笔画数作为语素项级内排序所依据的难度参数之一。那么,这一参数值如何来确定,对于汉语学习者来说,笔画数达到多少画时,素形(汉字)学起来较难呢?尤浩杰(2003)曾通过实验来研究笔画数对非汉字文化圈学习者掌握汉字的影响,结果显示,当笔画数为3～6画时,学习者的错误率在3.5554%～3.6376%,当笔画数增加到7画,错误率急剧上升到5.2413%。由此他认为,7画字对于非汉字文化圈的汉语学习者来说可能是一个难度的临界点。我们借鉴他的研究成果,把7画作为一个分界点,但他研究的范围仅限于笔画数从3画～10画的汉字,汉语中许多汉字的笔画数超过10画,因此,我们把6的倍数都作为分界值,对于"素形笔画数难度参数"的赋值规定如下:

表5-14　素形笔画数难度参数的赋值规则

笔画数	难度值
1～6	0
7～12	1
13～18	2
19～24	3
25画以上	4

　　2.素形载义量的大小应作为衡量语素项学习难度的参数之一

　　在上文中,我们对素形载义量的不平衡性有所论述,一个素形的载义量越大,意味着它所承载的语素项数量越多,对于其中的单个语素项而言,留学生把"形"和"义"联系起来的难度就越大,在借助素义来认知词义时由于错选语素项造成偏误的可能性就越大。

徐晓羽(2004)在实验中也注意到,有的时候,留学生虽然直接用语素义来理解新词,但由于很多语素本身具有多个义项,影响了留学生对新词的理解。

素形载义量越大,同一素形各语素项之间互相混淆的可能性就越大,语素项学习的难度也就越高,因此,我们把素形载义量也作为级别内语素项排序所依据的难度参数之一。在本章第一节中,我们已经论证了:素形的构词能力越强、使用频率越高,素形载义量就越大。我们所研究的50个素形在现代汉语中构词能力是最强的,这50个素形中,"打"和"上"的载义量最高,均为29个,这个数值大约也就是现代汉语中素形载义量的上限。我们对"素形载义量难度参数"的赋值规定如下:

表 5-15　素形载义量难度参数赋值规则

素形载义量	难度值
1～5	0
6～10	1
11～15	2
16～20	3
21～25	4
26～30	5

3.同音素形的多寡和同一素形所对应音项的多寡也会对语素项的学习造成干扰

除了素形书写难度和载义量大小之外,汉语中还有存在一形多音和同音字(素形)的现象,语素项学习过程中,不仅要辨形、辨义,还要辨音。语音对语素项学习造成的干扰有两种可能性:

第一,一形多音造成的干扰。当一个素形有多种读音时,同一素形的语素项可能读音不同,留学生在学习语素项的过程中不仅要写对形、选对义,还要选对音。一个素形所对应的音项越多,语素项学习和运用起来的难度就越大。因此,我们把素形所对应音项的多寡也作为语素项级内排序应考虑的难度参数之一,称之为"素形载音量难度参数",赋值规则如下:

表5-16 素形载音量难度参数赋值规则

同一素形对应的音项数	难度值
1	0
2	1
3	2
4	3

必须说明的是,在对外汉语教学中,有些时候,一字(素形)多音的现象对语素项的学习和使用不会造成干扰,即当一个素形有两种读音,但其中一种读音的使用非常有限,该读音下的语素项已经被排除在对外汉语教学范围外时。这种情况下,多音现象对语素项的学习基本不形成干扰。如:"无"有 wú 和 mó 两种读音,"无(mó)"只用于"南无"这个单纯词,该读音已被排除在对外汉语教学范围外,因此我们可以把"无"视为一音一形,对"化"、"有"、"体"等素形也都如此处理。

第二,同音字[①](素形)造成的干扰。汉语中,同音字(素形)的现象非常普遍,据我们统计,《现汉》中共有1344种字音,仅有162个音是一音对一形,其余1182个音都是一音对多形,最多的情况下,一个音所对应的素形多达116个[②]。徐晓羽(2004)在实验中发现,有些留学生在用语素构词时,常因语音的相同或相近而造出偏误词,如:难

---

① 这里所指的是同音异形字,指声、韵、调都相同,字形不同的情况。
② 这是我们根据《现汉》(第5版)字头注音统计出的结果。

到(道)。也就是说,一个语素项所对应的素形,其同音素形越多,语素项学习和运用起来难度越大。因此,我们把同音素形的多少也作为语素项排序的难度参数之一,称为"音节载形量难度参数"。

留学生学习的素形一般都在 3500 个常用字的范围内,因此只有这一范围内的一音多形现象才会对语素项的学习造成干扰,因此我们仅计算这一范围内同音素形的情况。3500 个常用字共有 1194 种字音,其中有 352 个音是一音对一形,其余 842 个音都是一音对多形,最多的情况下,一个音对应的素形为 28 个。对于音节载形量难度参数,我们的赋值规定如下:

表 5-17　音节载形量难度参数赋值规则

同音素形数	难度值
1	0
2～10	1
11～20	2
21～30	3

(二)单纯从掌握素义的角度来看:

1.素义所指是否为核心概念应作为衡量语素项学习难度的参数之一

从语言运用的角度来说,越是核心概念,使用频率就越高,学生学习的需求就越强。当素义所指概念是人类社会共同的核心概念时,比较容易被学习者所接受,学习起来难度相对低一些。

然而,什么样的概念是核心概念呢?斯瓦迪士(Swadesh,1952)曾提出 200 词,认为这是人类语言最稳定的核心词,同年他又提出了 100 核心词的观点。陈保亚、汪峰(2005)探讨了如何在斯瓦迪士 200 核心词基础上确定具体语言的核心语素表的问题,论证了确定语义对当和选择核心语素的一些原则,给出了高阶和低阶核心语素的上古汉语对照表。核心词、核心语素的确定是语言谱系研究的基础。从语言教学的角度来说,核心词经过了大量语言调查的检验,能够反映人类社会生活中最基本最核心的概念。因此,我们尝试把斯瓦迪士的 200 核心词所指概念当作核心概念,并参考王均等(1984)在《壮侗语族语言简志》中列出的用于比较研究的 1000 多个基本词,扣除与斯瓦迪士 200 核心词相对应的部分和一些政治色彩过于浓厚的词如:"社会主义"、"工人阶级"等,把余下的近 700 词的所指概念当作基本概念。

我们认为,素义所指概念是否为核心概念应作为衡量语素项学习难度的参数之一,称之为"语义接受难度参数"。当素义所指概念为一阶核心概念[①]时,学生学习该语素项的需求最高,掌握语义的难度最低;当素义所指概念在核心、基本概念范围之外时,掌握语义的难度较高。对语素义难度参数的赋值规则如下:

表 5-18 语义接受难度参数赋值规则

素义所指概念的情况	难度值
一阶核心概念	0
二阶核心概念	1
基本概念	2
其他概念	3

2.素义的民族文化特征应作为衡量语素项学习难度的参数之一

素义所指概念可能具有普遍性,广泛适用于各民族,如:"人❶"、"口❶"等;也可能具有强烈的民族特征,所指的是中国特有的事物,

---

[①] 陈保亚根据斯瓦迪士 200 核心词调整后得出高阶、低阶核心语素。我们把高阶核心语素所指的 100 个概念称为一阶核心概念,把低阶核心语素所指的概念称为二阶核心概念。

如："口❻"(长城的关口,多用于地名,也泛指这些关口);还有的语素项基义所指的是普遍性事物,但它在语用上带有比较明显的民族文化特征,如："老❷"[老年人(多用作尊称)],"老年人"这个概念在各种语言中大多有对应词,但把它"用作尊称"则带有汉民族特有的文化信息。

就语素项的学习而言,素义的民族特征越突出,涉及的文化要素越多,学习难度就越大,因此,我们把民族文化特征也作为语素项排序的难度参数之一,称为"素义民族文化特征难度参数",赋值规则如下:

表 5-19 素义民族文化特征难度参数赋值规则

素义的民族性	难度值
普遍性事物	0
普遍性事物但带有一些民族文化特征	1
汉民族特有事物	2

3.素义包含的限制性特征应作为衡量语素项学习的难度参数之一

在语素项学习过程中,留学生不仅要掌握素义,还要掌握语素项的用法,有的语素项在语义意义(词汇意义)、语用意义、语法意义上受到限制,留学生即便掌握了素义,在语素项使用过程中发生偏误的可能性还是比较大。如："发(fā)⓬"[感到(多指不愉快的情况)],这一语素项的搭配范围是受限的,其搭配对象应为不愉快、不理想的情况,如："发麻"、"发苦"、"发酸"、"发痒"等等,如果不注意素义在搭配对象上受到的限制,在使用这一语素项时,发生偏误的可能性就比较大。

语义、语法、语用上无任何特殊标记的语素项是比较容易掌握的,有限制性特征的语素项掌握起来难度要稍大一些,因此,我们把语素项的限制性特征也作为语素项排序的难度参数之一,称为

"素义限制性特征难度参数",赋值规则如下:

表 5-20 素义限制性特征难度参数赋值规则

素义限制性特征	难度值
无特殊标记	0
有 1 种限制性特征	1
有多种限制性特征	2

二、语素项级内排序的操作过程

语素项的级内排序应在统计完某个级别全部语素项的难度参数值和频率参数值之后进行,由于时间和精力所限,我们暂以"白"、"色"、"流"、"行"、"意"、"面"、"长"、"花"、"人"、"发"10 个素形所对应的语素项为试验对象,模拟了初、中、高各级别内语素项排序的具体过程。

这 10 个素形下共有 123 个语素项,经过分类筛选之后,只有 41 个语素项被归入 X1a 类,它们在各级别中的分布情况如下:

表 5-21 10 个素形范围内的初级语素项

语素项	素　　义	建议级别
白❶	像霜或雪的颜色(跟"黑"相对)	初级
色(sè)❶	颜色	初级
流❶	液体移动;流动①	初级
面❶	头的前部;脸	初级
花❶	种子植物的有性繁殖器官……	初级
长(cháng)❶	两点之间的距离大(跟"短相对")	初级
人❶	能制造工具并使用工具进行劳动的高等动物	初级
人❹	指某种人	初级

第五章 面向对外汉语教学的语素项分级

表 5-22 10 个素形范围内的中级语素项

语素项	素　　义	建议级别
流❻	指江河的流水	中级
面❸	物体的表面,有时特指某些物体的上部的一层	中级
面❼	部位或方面	中级
面❿	粮食磨成的粉,特指小麦磨成的粉	中级
意❶	意思	中级
意❷	心愿;愿望	中级
行(xíng)❶	走	中级
行(xíng)❻	做;办	中级
行(háng)❸	行业	中级
发(fā)❶	送出;交付	中级
发(fā)❸	产生;发生	中级
发(fà)	头发	中级
花❷	可供观赏的植物	中级
花⓰	用;耗费	中级
人❷	每人;一般人	中级
人❺	别人	中级
长(zhǎng)❻	生长;成长	中级

表 5-23 10 个素形范围内的高级语素项

语素项	素　　义	建议级别
色(sè)❷	脸上表现的神情;神色	高级
流❽	品类;等级	高级
花❸	形状像花朵的东西	高级
花❻	颜色或种类错杂的	高级
花❼	(眼睛)模糊迷乱	高级
白❺	没有效果;徒然	高级

续表

语素项	素义	建议级别
白❻	无代价；无报偿	高级
面⓭	面条	高级
行(xíng)❸	指旅行或跟旅行有关的	高级
发(fā)❹	表达	高级
发(fā)❻	因得到大量财物而兴旺	高级
发(fā)❽	放散；散开	高级
发(fā)⓫	流露(感情)	高级
发(fā)⓬	感到(多指不愉快的情况)	高级
长(zhǎng)❹	领导人	高级
长(zhǎng)❼	增进；增加	高级

语素项的级内排序要用到频率参数总值和难度参数总值，在上一节中我们已经介绍了语素项频率参数总值的计算方法，下面，我们尝试计算这41个语素项的难度参数总值，具体情况如下：

表5-24　10个素形内初级语素项难度参数总值的计算

语素项	素形笔画数参数值	素形载义量参数值	素形载音量参数值	音节载形量参数值	语义接受难度参数值	素义民族特征参数值	限制性特征参数值	难度参数总值
白❶	0	2	0	0	0	0	0	2
色❶	0	1	1	1	2	0	0	5
流❶	1	1	0	1	1	0	0	4
面❶	1	2	0	0	2	0	0	5
花❶	1	3	0	1	1	0	0	6
长(cháng)❶	0	2	1	1	0	0	0	4
人❶	0	1	0	1	0	0	0	2
人❹	0	1	0	1	3	0	0	5

表 5-25　10 个素形内中级语素项难度参数总值的计算

语素项	素形笔画数参数值	素形载义量参数值	素形载音量参数值	音节载形量参数值	语义接受难度参数值	素义民族特征参数值	限制性特征参数值	难度参数总值
流❻	1	1	0	1	3	0	0	6
面❸	1	2	0	0	3	0	0	6
面❼	1	2	0	0	3	0	0	6
面❿	1	2	0	0	3	0	0	6
意❶	2	0	0	3	2	0	0	7
意❷	2	0	0	3	3	0	0	8
行(xíng)❶	0	3	1	1	0	0	0	5
行(xíng)❻	0	3	1	1	2	0	0	7
行(háng)❸	0	3	1	1	3	0	0	8
发(fā)❶	0	3	1	0	3	0	0	7
发(fā)❸	0	3	1	0	3	0	0	7
发(fà)	0	3	1	0	0	0	0	4
花❷	1	3	0	1	3	0	0	8
花⓲	1	3	0	1	2	0	0	7
人❷	0	1	0	1	3	0	0	5
人❺	0	1	0	1	3	0	0	5
长(zhǎng)❻	0	2	1	1	2	0	0	6

表 5-26　10 个素形内高级语素项难度参数总值的计算

语素项	素形笔画数参数值	素形载义量参数值	素形载音量参数值	音节载形量参数值	语义接受难度参数值	素义民族特征参数值	限制性特征参数值	难度参数总值
色(sè)❷	0	1	1	1	3	0	0	6
流❽	1	1	0	1	3	0	0	6
花❸	1	3	0	1	3	1	0	9

续表

语素项	素形笔画数参数值	素形载义量参数值	素形载音量参数值	音节载形量参数值	语义接受难度参数值	素义民族特征参数值	限制性特征参数值	难度参数总值
花❻	1	3	0	1	3	0	0	8
花❼	1	3	0	1	3	0	1	9
白❺	0	2	0	0	3	0	0	5
白❻	0	2	0	0	3	0	0	5
面⓬	1	2	0	0	2	0	0	5
行(xíng)❸	0	3	1	1	3	0	0	8
发(fā)❹	0	3	1	0	3	0	0	7
发(fā)❻	0	3	1	0	3	0	0	7
发(fā)❽	0	3	1	0	3	0	0	7
发(fā)⓫	0	3	1	0	3	0	1	8
发(fā)⓬	0	3	1	0	3	0	1	8
长(zhǎng)❹	0	2	1	1	3	0	0	7
长(zhǎng)❼	0	2	1	1	3	0	0	7

得出语素项的频率参数总值和难度参数总值之后，我们就能综合这两种数据，在各级别内为语素项拟定具体的学习顺序。频率参数总值和语素项学习顺序之间的关系应是正相关的，即频率参数总值越高，语素项学习的顺序应越靠前；难度参数总值和语素项学习顺序之间的关系应是负相关的，即难度参数总值越高，学习起来难度越大，语素项学习的顺序越应该靠后。因此，我们给频率参数总值加上"＋"号，给难度参数总值加上"－"号，最终得出了各语素项的综合得分，并以之为依据，在级别内排定具体语素项的学习顺序，结果如下：

第五章 面向对外汉语教学的语素项分级

表 5-27 10 个素形内初级语素项的综合得分

语素项	频率参数总值	难度参数总值	综合得分
白❶	+21	-2	19
色❶	+15	-5	10
流❶	+19	-4	15
面❶	+15	-5	10
花❶	+22	-6	16
长(cháng)❶	+22	-4	18
人❶	+22	-2	20
人❹	+19	-5	14

根据最终的统计结果，一般说来，在同一级别内，综合得分高的语素项学习时间在前，综合得分低的语素项学习时间靠后，在初级阶段，比较理想的语素项学习顺序应为：人❶——白❶——长(cháng)❶——花❶——流❶——人❹——色❶、面❶。

表 5-28 10 个素形内中级语素项的综合得分

语素项	频率参数总值	难度参数总值	综合得分
流❻	+11	-6	5
面❸	+10	-6	4
面❼	+9	-9	0
面❿	+9	-8	1
意❶	+11	-5	6
意❷	+12	-5	7
行(xíng)❶	+14	-8	6
行(xíng)❻	+12	-7	5
行(háng)❸	+9	-7	2
发(fā)❶	+14	-7	7

续表

语素项	频率参数总值	难度参数总值	综合得分
发(fā)❸	+12	-8	4
发(fà)	+9	-4	5
花❷	+9	-8	1
花⓲	+13	-7	6
人❷	+13	-7	6
人❺	+9	-7	2
长(zhǎng)❻	+10	-6	4

根据综合得分的情况,在中级阶段,比较合理的语素项学习顺序应为:意❷、发(fā)❶——花⓲、人❷、行(xíng)❶、意❶——流❻、行(xíng)❻、发(fà)——面❸、长(zhǎng)❻、发(fā)❸——行(háng)❸、人❺——花❷、面❿——面❼。

表5-29　10个素形内高级语素项的综合得分

语素项	频率参数总值	难度参数总值	综合得分
色(sè)❷	+7	-6	1
流❽	+4	-6	-2
花❸	+4	-9	-5
花❻	+6	-8	-2
花❼	+2	-9	-7
白❺	+4	-5	-1
白❻	+2	-5	-3
面⓬	+4	-9	-5
行(xíng)❸	+4	-8	-4
发(fā)❹	+5	-7	-2
发(fā)❻	+4	-7	-3

续表

语素项	频率参数总值	难度参数总值	综合得分
发(fā)❽	+4	−7	−3
发(fā)⓫	+7	−8	−1
发(fā)⓬	+5	−8	−3
长(zhǎng)❹	+4	−7	−3
长(zhǎng)❼	+4	−7	−3

根据综合得分的情况,在高级阶段,比较合理的语素项学习顺序应为:色(sè)❷——白❺、发(fā)⓫——流❽、花❻、发(fā)❹——白❻、发(fā)❻、发(fā)❽、发(fā)⓬、长(zhǎng)❹、长(zhǎng)❼——行(xíng)❸——花❸、面⓬——花❼。

按照以上方法,我们能够实现对级内语素项的科学排序。语素项分类、分级工作的目的在于明确各阶段语素项教学的范围,级内排序的工作则使得各级别内的语素项教学得以在更加科学有序的基础上进行,为教材编写和教学实践提供了更加具体的依据。

第六节　教学方法标注和教学用语素项属性库的建立

语素项分类、分级、级内排序的工作完成之后,我们对于对外汉语教学在什么阶段上应该教哪些语素项,各级别内语素项的学习顺序已经有了较明确的认识,基本解决了"教什么"的问题。对外汉语教学实践中,还应解决"怎么教"的问题,即针对具有不同特点的语素项,应分别采用什么样的教学方法。因此,为语素项进行教学方法上的分类标注,用于指导教学实践和教材编写,同样是十分重要的。

一、为语素项进行教学方法上的标注

在第三章、第四章中我们已经分别介绍了语素项自由度和平均显义度在对外汉语教学中的应用,大致分析了自由度和显义度不同的情况下应采取的教学方法,我们首先依据这一研究成果来为 X1a 类语素项做教学方法上的标注。

(一)依据自由度为语素项进行教学方法上的标注

在第三章中,我们把语素项分为:A 只能构词的语素项、B 多用于构词的语素项、C 单用兼构词的语素项、D 多为单用的语素项、E 只能单用的语素项 5 类。在分类的过程中,D、E 类语素项被归入 X1b 类语素项中,它们的分级和教学问题基本上是单音词的教学问题,因此不需进行语素项教学方法上的标注,我们标注的对象是 A、B、C 类语素项。

语素项的自由度不同,在教学中的侧重点也不同,对于只能构词和多用于构词的语素项,在教学中我们只需强调其构词能力。这些语素项一般不能单说,学习它们的意义在于通过语素教学法来批量掌握词义。一般情况下,它们的意义比较模糊,教学中不要求学生清晰准确地把握素义,只要求对这一语素项在词中的意义和功能有个大概的认识,以便利用学生的类推能力来理解和推测新学词的词义,采用"由词及素,再推及词"的教学方法是比较适合的。只有遇上个别语义特别清晰,易于理解的语素项时,才能采用"从素到词"的教学方法。

单用兼构词的语素项既可能以单音词的面貌出现,也可能以合成词建筑材料的身份出现。一般情况下,它们的意义是比较清晰、易于把握的,教学过程中可以采用由"从素到词"的教学方法。只有遇上个别意义过于抽象,不易表述和理解的语素项时,才采用"词—素—词"的教学方法。

综上所述,根据语素项的自由度,我们给出的教学方法标注项为"词、素教学顺序标注"。示例如下:

表 5-30 词、素教学顺序标注(示例)

语素项	素　　义	自由度	词、素教学顺序标注
白❶	像霜或雪的颜色(跟"黑"相对)	C	1
流❻	指江河的流水	B	2
人❹	指某种人	A	2

"词、素教学顺序标注"一栏中,"1"表示"从素到词","2"表示"由词及素,再推及词"

(二)依据平均显义度为语素项进行教学方法上的标注

在第四章中,我们阐述了语素项构词时平均显义度的计算方法以及平均显义度在对外汉语教学中的应用。在分类过程中,平均显义度低于 0.6 的语素项大多已经被归入 X2 类语素项中,应融于合成词整词教学,不需强调语素项的意义及作用。

平均显义度在 0.6~0.8 的语素项,属于"分析型"语素项,适合采用"分解法"来教学,仅强调素义在词义学习中的解释作用,不鼓励学生"由素推词""自悟"词义或者不加控制地用语素项来组词。平均显义度在 0.8 以上的语素项属于"生成型"语素项,既可采用"分解法""由词析素",也可采用"合成法""由素推词"地来学习,此时学生"自悟"词义成功的可能性是较高的。

根据平均显义度所处的区间,我们给出的教学方法标注项为"语素项教学类型标注"。示例如下:

表 5-31　语素项教学类型标注（示例）

语素项	素　　义	平均显义度	语素项教学类型标注
白❶	像霜或雪的颜色（跟"黑"相对）	0.73	2
流❻	指江河的流水	0.82	1
人❹	指某种人	0.88	1

"语素项教学类型标注"一栏中，"1"表示"生成型"，"2"表示"分析型"

（三）为语素项进行构词位置信息标注

在第二章第三节中，我们根据语素项在词中的位置情况，把语素项归为单居前位、前位优势、位置自由、后位优势和单居后位5类。在教学过程中，语素项构词时的位置信息也很重要。对于位置自由的语素项所构成的词，我们要注意引导学生发现素序颠倒对词义造成的影响，避免偏误的产生。对于单居前位或后位的语素项，我们在教学中可以强调其在词中的定位信息，学生在掌握和运用由它们所构的合成词时，由素序颠倒而产生的偏误就会少得多。对于前位优势或后位优势的语素项，只需有针对性地强调个别词的素序与众不同。因此，我们把语素项的构词位置信息也作为教学方法标注的一项，示例如下：

表 5-32　语素项构词位置信息标注（示例）

语素项	素　　义	语素项构词位置信息
白❶	像霜或雪的颜色（跟"黑"相对）	2
流❻	指江河的流水	5
人❹	指某种人	5
发(fà)	头发	3

构词位置信息一栏中，"1"表示单居前位，"2"表示前位优势，"3"表示位置自由，"4"表示后位优势，"5"表示单居后位

二、对外汉语教学用语素项属性库的建立

我们根据语素项在各种属性上的表现,为语素项进行了分类、分级、级内排序,并给出了教学方法参考标注,这些定"量"、定"序"、定"性"、定"法"的工作是实现语素教学系统化、科学化的基础。把分类、分级、级内排序及教学方法标注的结果放到一张表中,便形成了"对外汉语教学用语素项属性表",检索起来十分方便,而且能够直接服务于对外汉语教学实践和教材编写,示例如下:

表 5-33 对外汉语教学用语素项属性表(示例)

素形	注音	语素项序号	语法类别标注	色彩标注	素义	类别	级别	综合得分	词、素教学顺序标注	教学类型标注	构词位置信息
白	bái	❶	形		像霜或雪的颜色……	X1a	初	19	1	2	2
流	liú	❻	名		指江河的流水	X1a	中	5	2	1	5
花	huā	❶❺	名	方	指某些幼小动物	Y	/	/	/	/	/
意	yì	❸	动		意料;料想	X2	/	/	/	/	/
光	guāng	⓫	副		只;单	X1b	/	/	/	/	/

"对外汉语教学用语素项属性表"中各种参数的数据来源于我们最初建立的"语素项属性库"。"对外汉语教学用语素项属性表"和"素形—语素项对照表"、"语素项属性分析表"、"词、素关系分析表"等最终共同构成了一个"对外汉语教学用语素项属性库"。这个属性库的建立,对于实现对外汉语词汇教学、语素教学的系统化、科学化有着重要的意义,可以直接用于指导教学实践和教材编写。由于时间和精力所限,目前入库的仅有 50 个素形,581 个语素项,今后,我们还将逐步扩大研究范围,进一步扩大属性库的规模。

余 论

一、语素项构词频率、单用频率数据在辞书编纂中的应用

目前,基于大规模语料来探讨辞书编纂问题的研究还很少见,且现有相关研究多关注词的义项划分和归纳问题,很少涉及字目的义项。我们把语素项和词项一一对应起来的过程就相当于把《现汉》中某个字目下的义项和它所构合成词的义项关联了起来,在词的层面上进行了一次较为全面的"实例代入验证法"[①]检查;而对于语素项单用频率的考察则可以看作是在句的层面上进行了一次较为全面的"实例代入验证法"检查。这样的检查,有助于检验辞书字目义项的设置是否合理,释义是否准确。

以往辞书编纂过程中,"划分义项多半凭的是自己的语感,再加上所积累的资料"[②],因而义项的确立有一定的主观性。针对这一点,有些学者对辞书编纂过程中所使用的语言材料提出了要求,认为概括义项的时候必须高度重视对语言材料的收集,严格按照归纳的方法对语言材料进行观察、分析(李尔钢,2002)。随着语料

---

① 李尔钢.现代辞典学导论[M].北京:汉语大词典出版社,2002.
② 黄建华.词典论[M]修订版.上海:上海辞书出版社,2001.

余 论

库语言学的发展,有些学者开始进一步尝试采用定量分析的方法,从语料所反映的语言事实出发来确立辞书义项,如:黄彬(2004)以"爱护"、"爱惜"、"珍惜"为例,从义项使用频率标准、词性标准、搭配和语法标准三个角度探讨基于语料库的义项划分标准。姜自霞(2005)考察了43个名词性语素在各义项上的构词情况,认为基于义项的语素构词研究对于检查词典中的缺失义项、验证释义语言的准确性以及词典义项的分合具有一定的意义。

胡明杨(1982)等认为义项在多义词的整个词义系统内部是相对独立的,但是义项之间又有联系,因此原则上应当"在意义联系最薄弱的地方划分义项",苏宝荣(2000)把这种方法称为"断层区分法",认为"断层区分法"和"频率统计法"是义位(义项)划分的两种基本方法。"断层区分法"在辞书编纂中得到了较为广泛的运用,从区别性特征的角度来探讨义项划分问题的著述也较多,相对而言,无论是在实际操作层面上,还是在理论探讨方面,"频率统计法"方面的研究都较为薄弱。本研究的成果恰恰能在这方面为辞书的编写提供一些参考。

通过统计语素项的构词频率和单用频率,我们认为《现汉》字目义项的设置从总体上来看是较为科学的,但还有个别地方值得商榷,主要存在以下几个方面的问题:

(一)"漏收"义项的问题

有些语素义具有一定的使用频率,《现汉》却没有把它们列为字目义项。比如:"手气"、"财气"、"丧气(sàng·qi)"、"时气❶"、"运气²❶❷"、"福气"、"霉气❶"、"晦气❶"等词中"气"的意义为"气数;命运",和《现汉》"气"字头下的所有义项都对不上号。无论是从"断层分析法"的角度来考量,还是从"频率统计法"的角度来考量,都是词典应增收的义项。

(二)"多收"义项的问题

有些语素项在现代汉语中既不构词也不单用,这说明它们所对应的语素义项已经失去活力。《现汉》作为一本共时性的语文辞书,不但应及时增收新词新义,也应该及时删减旧词旧义。如:"年❼"(科举时代同年登科的关系)在现代汉语中,既不构词也不单用,没有收录这一义项的必要。

(三)释义准确性的问题

把语素项和词项一一对应检验,我们发现了《现汉》释义中存在的一些问题。如:用多义词来给语素释义时,没有指明所用的是多义词的哪个义项;还有个别释义不够准确等等。

(四)字头义的语法类别标注问题

《现汉》(第5版)以义项为单位,对词进行了语法类别标注,对于字目义项来说,当某个义项上的语素可以独立成词时,释义的前面就标有词性。然而,《现汉》中对于语素能否独立成词的判断,多靠编写者凭语感来判断。我们通过单用频率数据来检验《现汉》对于字目义项的语法类别标注,发现有些语素项可以单用而《现汉》中并未标注它们的语法类别,也就是说,编写者忽略了语素在这些义项上单用的情况。如:"面¹❶"(头的前部;脸)单用频次为35次;"行(xíng)❶"(走)单用频次为26次,都是可以独立成词的,应该考虑给它们标上语法类别。

二、正确认识和运用语素教学法

语素教学法固然能够在一定程度上提高词汇教学的效率,但它并不是万能的,在对外汉语教学中我们不应过分放大语素教学法的作用。只有弄清什么时候应采用语素教学法,如何正确实施语素教学法,才能最大限度地实现语素教学法的价值。

语素分析能在很大程度上体现汉语的特点,是对外汉语词汇教学的一大利器,但是,我们也要看到,语素教学法的作用主要在于帮助学生掌握和记忆词义,主要是在语义平面上起作用的,对于留学生而言,比掌握词义更难的是词的正确运用,语素教学法的效果必然受到语法和语用因素的制约。有的时候,完全相同的语素项,组合结构不同,组合出的词义大相径庭。另一方面,语言是一个链式结构,表现为一系列或长或短的组合,在具体的上下文语境中,语素义和词义常会发生或多或少的变化,甚至有的合成词词义和语素义全然对不上号,此时语素在理解词或句子的过程中作用十分有限,学生"望文生义"甚至会闹出笑话来。因此,我们在教学过程中既要充分发挥语素教学法的作用,也要认识到它的局限性。对常用语素项进行深入透彻的研究,有助于我们明确语素教学法的内容、对象和方法,以便在最大限度上发挥语素教学的作用。

三、本研究的不足之处和进一步努力的方向

首先,本研究范围有一定的局限性,若能进一步扩大选字范围,研究结论必将更有说服力。其次,我们的研究在语料方面也受到了一定的限制,我们希望把研究成果直接运用于对外汉语教学,因此今后若能结合中介语语料进行有针对性的研究,语素项分级的结果可能更加准确、更加实用。此外,今后我们还可进一步采用较大规模的实验方法来检验本书的一些研究成果。

参考文献

一、中文文献

[1] 安华林.现代汉语释义基元词研究[M].北京:中国社会科学出版社,2005.

[2] 白俊耀.语素识别中的问题[J].河北师范大学学报,1992(3).

[3] 北京市语言学会.教学语法系列讲座[M].北京:中国和平出版社,1987.

[4] 北京语言大学"外国学生错字别字数据库"课题组."外国学生错字别字数据库"的建立与基于数据库的汉字教学研究[J].语言教学与研究,2006(4).

[5] 北京语言学院语言教学研究所.现代汉语频率词典[Z].北京:北京语言学院出版社,1986.

[6] 毕艳莉.从对外汉语教学看双音词和单音词的界定问题[J].辽宁大学学报:哲学社会科学版,2001(3).

[7] 曹德和.语素研究的性质、方法及语料来源[J].复旦学报(社会科学版),2003(6).

[8]曹炜.现代汉语词义学[M].北京:学林出版社,2001.

[9]曹炜.现代汉语口语词和书面语词的差异初探[J].语言教学与研究,2003(6).

[10]曹炜.现代汉语词汇研究[M].北京:北京大学出版社,2003.

[11]曹先擢等.汉字形义分析字典[Z].北京:北京大学出版社,1999.

[12]岑泽丽.义项词及其教学状态的调查研究[D].武汉大学硕士学位论文,2005.

[13]常敬宇.汉语词汇与文化[M].北京:北京大学出版社,1995.

[14]陈波.小学语文教材词汇构成及常用词使用状况研究[D].武汉大学硕士学位论文,2004.

[15]陈宝国,彭聃龄.汉语双字多义词的识别优势效应[J].心理学报,2001,33(4).

[16]陈宝国,王立新,彭聃龄.汉字识别中形音义激活时间进程的研究(Ⅱ)[J].心理学报,2003,35(5).

[17]陈保亚,汪峰.论确定核心语素表的基本原则[C]//第38届国际汉藏语学术研讨会会议资料(未出版),2005

[18]陈保亚.汉台关系词声母有序对应规则表[C]//北京大学中文系.语言学论丛(第二十二辑).北京:商务印书馆,1999.

[19]陈保亚.论语言接触与语言联盟[M].北京:语文出版社,1996.

[20]陈保亚.再论核心关系词的有阶分布[J].民族语文,1998(3).

[21]陈俊羽.语素教学在对外汉语词汇教学中的作用[D].北

京:北京语言大学,2007.

[22]陈林华.An Introduction To Linguistics 语言学导论[M].修订本.长春:吉林大学出版社,1999.

[23]陈望道.文法革新问题答客问[C]//陈望道等.中国文法革新论丛.北京:商务印书馆,1987.

[24]陈贤纯.对外汉语中级阶段教学改革构想——词语的集中强化教学[J].世界汉语教学,1999(4).

[25]陈宇涵,任汇江.现代汉语双音复合词的语义结构模式[J].山东工商学院学报,2003(4).

[26]陈章太.《现代汉语词典》及其第5版的收词[J].语言文字应用,2006(1).

[27]成燕燕.语素释义说略[J].伊犁师范学院学报,2005(4).

[28]崔永华.对外汉语教学的教学研究[M].北京:外语教学与研究出版社,2005.

[29]董为光."语素替换确定法"献疑[J].语言研究,1994(1).

[30]董秀芳.汉语的词库与词法[M].北京:北京大学出版社,2004.

[31]董秀芳.词汇化:汉语双音词的衍生和发展[M].成都:四川民族出版社,2002.

[32]段玉裁.说文解字注[M].上海:上海古籍出版社,1981.

[33]范晓.说语义成分[J].汉语学习,2003(1).

[34]方光焘.方光焘语言学论文集[M].北京:商务印书馆,1997.

[35]冯丽萍.词汇结构在中外汉语学习者合成词加工中的作用[D].北京:北京师范大学,2002.

[36]冯丽萍.词素性质与构词能力对留学生中文词素识别的

影响[J].云南师范大学学报:对外汉语教学与研究版,2004(6).

[37]冯胜利.汉语韵律语法研究[M].北京:北京大学出版社,2005.

[38]冯胜利.论汉语的"韵律词"[J].中国社会科学,1996(1).

[39]冯胜利.论汉语的"自然音步"[J].中国语文,1998(1).

[40]冯胜利.韵律构词与韵律句法之间的交互作用[J].中国语文,2002(6).

[41]符淮青.词义的分析和描写[M].北京:外语教学与研究出版社,2006.

[42]符淮青.多义词义项之间的关系——兼论与同音词的区别[J].辞书研究,1983(6).

[43]符淮青.现代汉语词汇[M].北京:北京大学出版社,1985第1版,2004第2版.

[44]符淮青.义项的性质与分合[J].辞书研究,1981(3).

[45]符淮青.语素"红"的结合能力分析[J].语文研究,1983(2).

[46]符渝.汉语偏正式双音合成词语素结合规律研究[D].北京:北京师范大学,2004.

[47]傅爱平.汉语信息处理中单字的构词方式与合成词的识别和理解[J].语言文字应用,2003(4).

[48]傅佳.HSK多义词义项的统计分析及留学生义项使用情况调查[D].北京:北京语言大学,2007.

[49]高兵,高峰强.汉语字词识别中词频和语义透明度的交互作用[J].心理学报,2005,28(6).

[50]高兵.中文双字合成词加工中的透明度效应[D].济南:山东师范大学,2004.

[50]高名凯,石安石.语言学概论[M].北京:中华书局,1963第1版,1987重排版.

[51]高顺全.对外汉语教学探新[M].北京:北京大学出版社,2005.

[52]葛本仪.汉语词汇学[M].济南:山东大学出版社,2003.

[53]《古代汉语词典》编写组.古代汉语词典[Z].北京:商务印书馆,2003.

[54]广东、广西、湖南、河南辞源修订组,商务印书馆编辑部.辞源[M].北京:商务印书馆,2001.

[55]郭伏良.当代汉语词汇发展变化原因探析[J].河北大学学报,1999(3).

[56]郭丽君,于根元.新词语的产生与发展研究[J].语言文字应用,2006(3).

[57]郭良夫.词项层次与义项层次[J].辞书研究,1988.

[58]郭锐.现代汉语词类研究[M].北京:商务印书馆,2002.

[59]郭胜春.常用合成词语素显义类型统计分析及其对教学的启示[J].暨南大学华文学院学报,2006(1).

[60]郭胜春.汉语语素义在留学生词义获得中作用的实验研究[D].北京:北京语言大学,2003.

[61]国家汉语水平考试委员会办公室考试中心.汉语水平词汇与汉字等级大纲[M].北京:经济科学出版社,2001.

[62]国家语言文字工作委员会汉字处.现代汉语常用字表[R].北京:语文出版社,1988.

[63]国家语言资源监测与研究中心.中国语言生活状况报告(2005)下编[R].北京:商务印书馆,2006.

[64]国家语言资源监测与研究中心.中国语言生活状况报告

(2006)下编[R].北京:商务印书馆,2007.

[65]韩赤军.试论现代汉语复音词中语素的确定问题[J].宁夏大学学报:社会科学版,1991(3).

[66]汉语大词典编辑委员会,汉语大词典编纂处.汉语大词典[Z].上海:汉语大词典出版社,1991.

[67]汉语大字典编辑委员会.汉语大字典[Z].成都:四川辞书出版社,1995第1版,1996重印版.

[68]郝美玲.汉语儿童词素意识的发展[D].北京:北京师范大学,2004.

[69]候敏.现代汉语词义的变化与规范[J].语文建设,1989(5).

[70]胡明扬,谢自立,梁式中等.词典学概论[M].北京:中国人民大学出版社,1982.

[71]胡明扬.词典学概论[M].北京:中国人民大学出版社,1982.

[72]胡明扬.语言与语言学[M].武汉:湖北教育出版社,1985.

[73]胡明扬.现代汉语词类问题考察[J].中国语文,1995(5).

[74]胡裕树.现代汉语[M].上海:上海教育出版社,1979第1版,2003重订本.

[75]胡裕树.现代汉语参考资料[M].上海:上海教育出版社,1981.

[76]黄伯荣,廖序东.现代汉语[M].宁夏:甘肃人民出版社,1979第1版,高等教育出版社,1997增订版.

[77]黄建华.词典论[M]修订版.上海:上海辞书出版社,2001.

[78]贾宝书.词义和词素义关系的理论阐释[J],青岛海洋大学学报:社会科学版,1995(4).

[79]贾彦德.汉语语义学[M].北京:北京大学出版社,1992.

[80]贾颖.字本位与对外汉语词汇教学[J].汉语学习,2001(4).

[81]江荻.论汉藏语言历史比较词表的确定[J].民族语文,2000(3).

[82]江新,赵果.初级阶段外国留学生汉字学习策略的调查研究[J].语言教学与研究,2001(4).

[83]江新.词的复现率和字的复现率对非汉字圈学生双字词学习的影响[J],世界汉语教学,2005(4).

[84]江新.外国学生汉语字词学习的影响因素——兼论《汉语水平大纲》字词的选择与分级[J].语言教学与研究,2006(2).

[85]姜自霞.基于义项的语素构词研究[D].北京:北京语言大学,2005.

[86]解永俊."语素教学法"初探[D].武汉:华中科技大学,2004.

[87]靳光瑾,肖航,富丽等.现代汉语语料库建设及深加工[J].语言文字应用,2005(2).

[88]亢世勇,许小星,孙茂松.现代汉语语义构词规则初探[J].汉语语言与计算学报,2004(2).

[89]亢世勇,张志毅等.语言应用研究(第1辑)[C].上海:上海辞书出版社,2004.

[90]柯彼德.试论汉语语素的分类[J].世界汉语教学,1992(1).

[91]蓝恭梓.也谈现代汉语的语素分类——兼评黄伯荣、廖序东先生主编的《现代汉语》的语素分类[J].济南教育学院学报,2003(6).

[92]黎锦熙,刘世儒.汉语语法教材[M].北京:商务印书馆,1957/1962.

[93]黎锦熙.新著国文语法[M].北京:商务印书馆,1924/1956.

[94]李传燕.透明度对中高级水平韩国学习者理解汉语惯用语的影响[D].北京:北京语言大学,2005.

[95]李尔钢.现代辞典学导论[M].北京:汉语大词典出版社,2002.

[96]李行健.现代汉语规范词典[Z].北京:外语教学与研究出版社,2004.

[97]李红印.对外汉语学习词典对语素、词的结合能力的说明[C]//中国辞书学会学术委员会.中国辞书论集,北京:商务印书馆,1997.

[98]李慧,李华,付娜等.汉语常用多义词在中介语语料库中的义项分布及偏误考察[J].世界汉语教学,2007(1).

[99]李慧.汉语常用多义词在中介语语料库中的义项分布及偏误考察[J].世界汉语教学,2007(1).

[100]李开.汉语语言学和对外汉语教学论[M].北京:中国社会科学出版社,2002.

[101]李清华.谈离合词的特点和用法[J].语言教学与研究,1983(3).

[102]李如龙,何颖.试析对外汉语教材编写的"词本位"[J].海外华文教育,2004(2).

[103]李如龙,苏新春.词汇学理论与实践[M].北京:商务印书馆,2001.

[104]李如龙,吴茗.略论对外汉语词汇教学的两个原则[J].语

言教学与研究,2005(2).

[105]李如龙.关于语言教育的改革[J].云南师大学报对外汉语教学版,2003(3).

[106]李如龙.汉语词汇计量研究[M].厦门:厦门大学出版社,2002.

[107]李如龙.汉语和汉字的关系论纲[J].语文世界,2001(1).

[108]李如龙.汉语应用研究[M].北京:中国传媒大学出版社,2004.

[109]李如龙.华文教学中的基本字集中教学法刍议[J].海外华文教育,2001(2).

[110]李晓华.关于《语法讲义》中语素分类问题的思考[J].雁北师范学院学报,2006(6).

[111]刘禀诚,袁善来.语素鉴定法述评[J].井冈山师范学院学报:哲学社会科学,2005(2).

[112]刘德斋.自由而结合面窄的语素[J].语文建设,1996(8).

[113]刘汉城.单音动词:自由式和粘着式[J].兰州大学学报:社会科学版,1982(3).

[114]刘继超.略论并列式新词词义与语素义之关系[J].宝鸡文理学院学报:哲学社会科学版,1994(4).

[115]刘叔新.复合词结构的词汇属性——兼论语法学、词汇学同构词法的关系[J].中国语文,1990(4).

[116]刘叔新.汉语描写词汇学[M]第2版.北京:商务印书馆,2005.

[117]刘叔新.词汇研究[M].北京:外语教学与研究出版社,2006.

[118]刘叔新.汉语复合词内部形式的特点与类别[J].中国语

文,1985(3).

[119]刘伟.语义透明度对留学生双音节合成词词汇通达的影响[D].北京:北京语言大学,2004.

[120]刘晓梅.当代汉语新词语研究[D].厦门:厦门大学,2003.

[121]刘晓梅.当代汉语新词语的词长考察[J].吉林师范大学,2004(4).

[122]刘晓梅.当代汉语新词语语素的表义关系考察[J].华南师大学报,2005(5).

[123]刘晓梅.当代汉语新词语造词法的考察[J].暨南大学华文学院学报,2003(4).

[124]刘珣.对外汉语教学概论[M].北京:北京语言大学出版社,1997.

[125]刘珣.对外汉语教育学科初探[M].北京:外语教学与研究出版社,2005.

[126]刘英林,宋绍周.论汉语教学字词的统计与分级(代序)[M]//国家汉语水平考试委员会办公室考试中心.汉语水平词汇与汉字等级大纲.北京:经济科学出版社,2001.

[127]刘颖.中文词汇加工中词素的作用及混合模型[D].北京:北京师范大学,1998.

[128]刘云泉.语素研究四十年[C]//中国语文杂志社.语法研究和探索(七).北京:商务印书馆,1995.

[129]刘占泉.汉语文教材概论[M].北京:北京大学出版社,2004.

[130]刘召兴.汉语多义动词的义项习得过程研究[D].北京语言文化大学博士学位论文,2001.

[131]刘智伟.含同一语素的同义单双音节动词研究[D].北京

师范大学博士学位论文,2005.

[132]鲁甄.意义支点词当议[J].盐城师范学院学报(人文社会科学版),2001(1).

[133]陆俭明.作为第二语言的汉语本体研究[M].北京:外语教学与研究出版社,2005.

[134]陆志韦.北京话单音词汇[M].北京:人民出版社,1951第1版,北京:科学出版社,1956修订本.

[135]陆志韦等.汉语的构词法[M].北京:科学出版社,1957.

[136]鹿荣,张小平.关于语素的分类——对《现代汉语》语素部分的一点思考[J],济南大学学报,2004(5).

[137]吕必松.语言教育与对外汉语教学[M].北京:外语教学与研究出版社,2005.

[138]吕叔湘.关于"语言单位的同一性"等等[J].中国语文,1962,11.

[139]吕叔湘.汉语语法分析问题[M].北京:商务印书馆.1979.

[140]吕叔湘.汉语语法论文集[M]增订本.北京:商务印书馆,1984.

[141]吕叔湘.说"自由"与"粘着"[J],中国语文,1962(1).

[142]吕叔湘.语法学习[M].北京:中国青年出版社,1953.

[143]吕叔湘.语言和语言学[J].语文学习,1958(2～3).

[144]吕叔湘.现代汉语单双音节问题初探[J].中国语文,1963(1).

[145]吕文华.建立语素教学的构想[C]//第六届国际汉语教学讨论会论文选.北京:北京大学出版社,2000.

[146]梅家驹.同义词词林[M].上海:上海辞书出版社,1983.

[147]潘竟翰.义项的属性与界定[J].辞书研究,2000(5).

[148]潘文国,叶步青,韩洋.汉语的构词法研究[M].上海:华东师范大学出版社,2004.

[149]彭聃龄,王春茂.汉字加工的基本单元——来自笔画数效应和部件数效应的证据[J].心理学报,1997(1).

[150]朴京淑.《汉语水平词汇与汉字等级大纲》甲乙级复合式动词词义与语素义关系类型考察[D].北京:北京语言大学,2006.

[151]钱润池.简论对外汉语词汇教学中的语素义教学[J].暨南大学华文学院学报,2004(2).

[152]任学良.汉语造词法[M].北京:中国社科出版社,1981.

[153]施关淦.现代汉语语素说略[C]//中国语文杂志社.语法研究和探索(六).北京:语文出版社,1992.

[154]施雅丽.关于汉语构词法的对象——词项和词[J].国外语言学,1989(2).

[155]施仲谋.语言教学与研究[M].北京:北京大学出版社,2005.

[156]石安石,王理嘉.词的义项有无分合问题[J].语言学论丛(第六辑),商务印书馆,1980.

[157]石安石.论语素的结合能力与一用语素[J].语文研究,1993(1).

[158]石安石.语义论[M].北京:商务印书馆,2005.

[159]司玉英.从四种汉字频度的比较看汉字的性质[J].内蒙古大学学报(人文社会科学版),2006(5).

[160]宋春阳.语素猜词的语言理解策略及其价值[J].修辞学习,2007(2).

[161]宋刚.汉语名词习得中的中介词缀研究[D].北京:北京语言文化大学,2001.

[162]宋美娜.偏义式复合词的词义与语素义研究[D].长春:东北师范大学,2003.

[163]宋玉柱.也谈词素和语素——与刘叔新先生商榷[J].世界汉语教学,1992(3).

[164]苏宝荣.词义研究与辞书释义[M].北京:商务印书馆,2000.

[165]苏宝荣.汉语语义研究的基本单位应分为语素与词两个层级[J].河北学刊,1999(6).

[166]苏新春.当代汉语外来单音语素论[C]//福建省语言学会第十届年会厦门大学会员论文集(未出版),2002.

[167]苏新春.汉语词义学[M].广州:广东教育出版社,1992.

[168]苏新春.汉字语言功能论[M].南昌:江西教育出版社,1994.

[169]苏新春.当代汉语变化与词义历时属性的释义原则[J].中国语文,2000(2).

[170]苏新春.当代汉语词汇研究的大趋势——词义研究[J].广东教育学院学报,1994(1).

[171]苏新春.当代汉语外来单音语素的形成与提取[J].中国语文,2003(6).

[172]苏新春.当代中国词汇学[M].广州:广东教育出版社,1995.

[173]孙德金.对外汉语词汇及词汇教学研究[M].北京:商务印书馆,2006.

[174]孙银新.现代汉语词素研究[M].北京:中国文史出版社,2003.

[175]谭景春.词的意义、结构的意义与词典释义[J].中国语

文,2000(1).

[176]唐伶.双音节并列式复合词语素序研究[D].长春:东北师范大学,2002.

[177]田兵.多义词的认知语义框架与词典使用者的接受视野——探索多义词义项划分和释义的认知语言学模式(一)[J].现代外语,2003(10).

[178]田善继,刘珣.对外汉语教学概论[M].北京:北京语言大学出版社,1997.

[179]汪腊萍.词项搭配的定量分析方法[J].上海师范大学学报:哲学社会科学版,2006(6).

[180]汪晓丹.词汇基本等级理论及其在英语词汇教学中的运用策略[J].外语教学研究,2006(4).

[181]王艾录,司富珍.汉语的语词理据[M].北京:商务印书馆,2001.

[182]王艾录.汉语理据词典[Z].北京:北京语言学院出版社,1995.

[183]王安民,王健.从认知隐喻学看外向型汉英学习词典中单字义项和复词条目的编排[J].辞书研究,2006(4).

[184]王春茂,彭聃龄.合成词加工中的词频、词素累计频率及语义透明度[J].心理学报,1999(7).

[185]王东海.汉语同义语素编码的参数和规则[J].中国语文,2002(2).

[186]王惠.现代汉语名词词义组合分析[M].北京:北京大学出版社,2004.

[187]王惠萍,张积家,张厚粲.汉字整体和笔画频率对笔画认知的影响[J].心理学报,2003,35(1).

[188]王娟.留学生单音节多义语素习得考察[D].北京:北京语言大学,2007.

[189]王军.汉语词义系统研究[M].济南:山东人民出版社,2005.

[190]王均等.壮侗语族语言简志[M].北京:民族出版社,1984.

[191]王力.中国现代语法(上)[M].北京:中华书局,1954.

[192]王立.汉语词的社会语言学研究[M].北京:商务印书馆,2003.

[193]王宁.训诂学原理[M].北京:中国国际广播出版社,1996.

[194]王若江.由法国字本位教材引发的思考[J].世界汉语教学,2000(3).

[195]王世友.现代汉语单音词的确定[J].语言研究,2003(4).

[196]王树斌.汉语复合词词素义和词义的关系[J].汉语学习,1993(2).

[197]王铁琨,侯敏,杨尔弘.报纸、广播电视、网络用字用词调查[J].语言文字应用,2007(1).

[198]王文斌.汉语并列式合成词的词汇通达[J].心理学报,2001(2).

[199]王玉鼎.论名词性并列复合词的词义与语素义之关系[J].西藏民族学院学报:社会科学版,1994(1).

[200]王周炎,卿雪华.语素教学是对外汉语词汇教学的基础[J].云南师范大学学报,2004(5).

[201]王宗炎.关于语素、词和短语[J].中国语文,1981(5).

[202]文秋芳,俞洪亮,周维杰.应用语言学研究方法与论文写

作[M].北京:外语教学与研究出版社,2004.

[203]文秋芳.频率作用与二语习得——《第二语言习得研究》2002年6月特刊评述[J].外语教学与研究,2003(3).

[204]吴仁甫.语素和"词义"[J].华东师范大学学报:哲学社会科学版,1995(3).

[205]吴淑铭,唐成钮.试谈汉语复合词词素义在释词中的作用[J].语言与翻译,1995(1).

[206]武占坤,王勤.现代汉语词汇概要[M].呼和浩特:内蒙古人民出版社,1983.

[207]肖晓晖.汉语双音并列合成词语素结合规律研究[D].北京:北京师范大学,2004.

[208]邢福义.汉语语法特点面面观[M].北京:北京语言文化大学出版社,1999.

[209]邢红兵.《(汉语水平)词汇等级大纲》双音合成词语素统计分析[J].世界汉语教学,2006(3).

[210]徐彩华,李镗.语义透明度影响儿童词汇学习的实验研究[J].语言文字应用,2001(1).

[211]徐彩华,张必隐.汉语单字词的通达——词频和累计频率的作用[J].心理科学,2004,27(2).

[212]徐枢.语素[M].北京:人民教育出版社,1990.

[213]徐通锵.汉语研究方法论初探[M].北京:商务印书馆,2004.

[214]徐通锵.语言论[M].长春:东北师范大学出版社,1997.

[215]徐晓羽.留学生复合词认知中的语素意识[D].北京:北京语言大学,2004.

[216]徐玉敏.当代汉语学习词典(初级本)[Z].北京:北京语言

文化大学出版社,2005.

[217]徐玉敏.对外汉语学习词典的条目设置和编排[J].辞书研究,2001(3).

[218]徐玉敏.谈谈对外汉语学习词典词义选配问题[C]//对外汉语学习词典学国际研讨会论文集(未出版),2005.

[219]徐子亮.汉语作为外语教学的认知理论研究[M].北京:华语教学出版社,2000.

[220]许德楠.说单音词与语素在构形上的同一性[J].语言教学与研究,1981(4).

[221]许慎.说文解字[M].北京:中华书局,1963.

[222]雅·沃哈拉.漫谈汉语语素的特征[J].中国语文,1987(2).

[223]杨寄洲.编写初级汉语教材的几个问题[J].语言教学与研究,2003(4).

[224]杨捷.对外汉语语素教学的实施策略[J].语言文字应用,2006,S2.

[225]杨柳桥.汉语语法中字和词的问题[J].中国语文,1957(1).

[226]杨梅.现代汉语合成词构词研究[D].南京:南京师范大学,2006.

[227]杨庆蕙.对外汉语教学中"离合词"的处理问题[C]//第四届国际汉语教学讨论会论文选.北京:北京语言学院出版社,1993.

[228]杨润陆.由比喻造词形成的比喻义[J].中国语文,2004(6).

[229]杨润陆.语素义的误解与失落[J].语文建设,1995(10).

[230]杨锡彭.关于一用语素[J].零陵师范高等专科学校学报,2000(1).

[231]杨锡彭.也谈词的语素分析的基本原则[J].烟台师范学院学报(哲社版),1993(4).

[232]杨锡彭.汉语语素论[M].南京:南京大学出版社,2003.

[233]杨晓黎.汉语词语与对外汉语研究[M].安徽:安徽大学出版社,2007.

[234]杨亦鸣,曹明.基于神经语言学的中文大脑词库初探[J].语言文字应用,2000(3).

[235]杨振兰.论词义与语素义[J].汉语学习.1993(6).

[236]叶文曦.汉语字组的语义结构[D].北京:北京大学,1996.

[237]尹斌庸.汉语语素的定量研究[J].中国语文,1984(5).

[238]尤浩杰.笔画数、部件数和拓扑结构类型对非汉字文化圈学习者汉字掌握的影响[J].世界汉语教学,2003(2).

[239]于根元.应用语言学理论纲要[M].北京:华语教学出版社,1999.

[240]于根元.应用语言学前沿问题说略[J].长江学术,2006(4).

[241]于晓梅.语素分析与词汇记忆[J].佳木斯大学社会科学学报,1999(3).

[242]俞敏.化石语素[J].中国语文,1984(1).

[243]俞士汶,朱学锋,李峰.现代汉语语素库的开发及应用[J].世界汉语教学,1999(2).

[244]苑春法,黄昌宁.基于语素数据库的汉语语素及构词研究[J].世界汉语教学,1998(2).

[245]月心.现代汉语词语和汉字里的"化石"——读俞敏《化

石语素》想到的[J].赣南师范学院学报,1984(2).

[246]张斌.新编现代汉语[M].上海:复旦大学出版社,2002.

[247]张博.《现汉》(第5版)条目分合的改进及其对汉语词项规范的意义[J].语言文字应用,2006(4).

[248]张博.北京语言大学汉语语言学文萃(词汇卷)[M].北京:北京语言大学出版社,2004.

[249]张积家,王惠萍,张萌等.笔画复杂性和重复性对笔画和汉字认知的影响[J].心理学报,2002,34(5).

[250]张静.汉语语法问题[M].北京:中国社会科学出版社,1987.

[251]张联荣.词典释义中的词义和语素义[J].语文学习,1998(3).

[252]张美霞.现代汉语双音节缩合词语语素选择的制约机制[D].北京:北京语言大学,2003.

[253]张清源.谈义项的建立和分合[J].词典研究丛刊,1980(1).

[254]张寿康.构词法和构形法[M].武汉:湖北人民出版社,1986.

[255]张寿康.关于汉语的构词法[C]//张志公.语法和语法教学.北京:人民教育出版社,1956.

[256]张寿康.略论汉语构词法[J].中国语文,1957(6).

[257]张松林.谈谈自由语素的分类[J].汉语学习,1990(2).

[258]张学忠,高桂珍.影响构词能力的语言因素探究[J].吉林师范大学学报(人文社会科学版),2006(12).

[259]张志公.谈汉语的语素——并略介绍哈尔滨语法教学讨论会[J].语言教学与研究,1981(4).

[260]张志毅,张庆云.词汇语义学[M].北京:商务印书馆,2001第1版,2005修订版.

[261]赵果.初级阶段欧美留学生识字量与字的构词数[J].语言文字应用,2003(3).

[262]赵金铭,张博,程娟.关于修订《(汉语水平)词汇等级大纲》的若干意见[J].世界汉语教学,2003(3).

[263]赵金铭.对外汉语教学概论[M].北京:商务印书馆,2004.

[264]赵元任.汉语口语语法[M].北京:商务印书馆,2002.

[265]郑定欧.对外汉语学习词典学国际研讨会论文集[C].香港:香港城市大学出版社,2005.

[266]郑厚尧.汉语双音复合词的词义与语素义关系研究[D].武汉:华中师范大学,2006.

[267]郑锦全,苏新春,张秀英."词涯八千"与汉语词汇的扩展性[C]//第四届汉语词汇语义学研讨会资料,2003.

[268]郑砚田.现代汉语通用字的笔画变化[J].语文建设,1996(3).

[269]中国对外汉语教学学会秘书处,《语言文字应用》编辑部.语言教育问题研究论文集[C].北京:华语教学出版社,2001.

[270]中国社会科学院语言研究所词典编辑室.现代汉语词典[Z]第5版.北京:商务印书馆,2005.

[271]中国语言生活状况报告课题组.中国语言生活状况报告(2005)上编[M].北京:商务印书馆,2006.

[272]中国语言生活状况报告课题组.中国语言生活状况报告(2006)上编[M].北京:商务印书馆,2007.

[273]仲崇山.词义和构成词的语素义的关系补论[J].佳木斯

大学社会科学学报.2002(4).

[274]周丹丹.输入与输出的频率效应研究[J].现代外语,2006(2).

[275]周洪波.外来词译音成分的语素化[J].语言文字应用,1995(4).

[276]周洪波.新词语的预测[J].语言文字应用,1996(2).

[277]周洪波.新华新词语词典[Z].北京:商务印书馆,2003.

[278]周荐.复合词词素间的意义结构关系[C]//语言研究论丛(第6辑).天津:天津教育出版社,1991.

[279]周荐.复合词构成的语素选择[J].中国语言学报,1995(7).

[280]周荐.双字组合与词典收条[J].中国语文,1999(4).

[281]周荐.汉语词汇结构论[M].上海:上海辞书出版社.2004.

[282]周健.对外汉语语感教学探索[M].杭州:浙江大学出版社,2005.

[283]周上之.汉语离合词研究——汉语语素、词、短语的特殊性[M].上海:上海外语教育出版社,2006.

[284]周一农.国外语言学家论语素[J].浙江师大学报(社会科学版),1992(2).

[285]周一农.汉语语法学史的语素学考察[J].语文研究,1994(3).

[286]周一农.论语素的变体[J].丽水师范专科学校学报,1987(4).

[287]周一农.论语素的分类[J].丽水师专学报,1986(3)(4).

[288]周一农.论语素的关系[J].丽水师专学报,1986(1).

[289]周一农.试论语素的源与流[J].丽水师范专科学校学报,

1986(2).

[290]周一农.谈语素与词素之别[J].丽水师专学报,1983(2).

[291]周一农.语素组合分析[J].丽水师专学报,1987(2).

[292]周祖谟.汉语词汇讲话[M].北京:外语教学与研究出版社,2005.

[293]朱德熙.说"的"[J].中国语文,1961(12).

[294]朱德熙.现代汉语语法研究[M].北京:商务印书馆,1980.

[295]朱德熙.语法讲义[M].北京:商务印书馆,1982.

[296]朱德熙.朱德熙文集(第2卷)[M].北京:商务印书馆,1999.

[297]朱学锋,俞士汶,李峰.汉语语素库的构造及其同语法信息词典的集成[J].术语标准化与信息技术,1999(2).

[298]朱彦.汉语复合词语义构词法研究[M].北京:北京大学出版社,2004.

[299]朱之一,王正刚.现代汉语语法研究的现状和回顾[M].北京:语文出版社,1987.

[300]朱之一,王正刚.现代汉语语法研究的现状和回顾[M].北京:语文出版社,1987.

[301]朱志平.汉语双音复合词属性研究[M].北京:北京大学出版社,2005.

[302]朱志平.双音节复合词语素结合理据的分析及其在第二语言教学中的应用[J].世界汉语教学,2006(1).

[303]宗世海."语素"说、"词素"说理由评析——兼论汉语语素的分类[J].暨南大学学报(哲学社会科学版),1997(4).

[304]邹韶华.语频·语义·语法[J].汉语学习,2004(2).

[305]邹韶华.语用频率效应研究[M].北京:商务印书馆,2001.

二、外文文献及其译著

[1]Andrew Spencer & Arnold M.Zwicky.The Handbook of Morphology[M].Oxford,UK:Blackwell Publishers Ltd,1998.

[2]Andrew Spencer.Morphological Theory:An Introduction to Word Structure in Generative Grammar[M].Oxford,UK:Basil Blackwell Ltd.1991.

[3]Carstairs－McCarthy,Andrew.Current Morphology[M].London & New York:Routledge,1992.

[4]Charles F.Hocket.Problems of Morphemic Analysis[J].Lang,1947,23.321－43.霍凯特.语素分析的一些问题[J].程雨民译.语言学资料,1963,06.

[5]Charles F.Hocket.Two Models of Grammatical Description[J].Word,1945,10:2/3.霍凯特.语法描写的两种模型[J].范继淹译.语言学资料,1963,6.

[6]Eugene A Nida.Morhoology:The Descriptive Analysis of Words.[M]Second Edition.Ann Arbor:The University of Michigan Press.1949.

[7]Eugene A.Nida.The Identification of Morphemes[J].Lang.1948,24.414－41.奈达.语素的识别[J].吴棠译.语言学资料,1963,06.

[8]Evelyn Hatch & Cheryl Brown.Vocabulary,Semantics and Language Education[M].北京:外语教学与研究出版社,2001.

[9]Fromkin,V.& R.Rodman.An Introduction to Language

[M].New York:Holt,Rinehart and Winston.1978.

[10]Katamba,F.Morphology[M].New York:Palgrave,1993.

[11]Laurie Bauer. Introducing Linguistic Morphology[M].Edinburgh:Edinburgh University Press.1988.

[12]Leonard Bloomfield.Language.语言论（袁家骅,赵世开,甘世福译）[M].北京:商务印书馆,1980.

[13]Leonard Bloomfield.Language[M].New York:Holt,Reinhardt and Winston.1933.北京:外语教学与研究出版社,2002.

[14]Matthews, P. H. Morphology[M]. Beijing: Foreign Language Teaching and Research Press,2002.

[15]Packard Jerome L.The Morphology of Chinese:A Linguistic and Cognitive Approach[M].Beijing:Foreign Language Teaching and Research press.2002.

[16]René Lagane 程曾厚译.基本词汇的概念[J].国外语言学,1983,03.

[17]Richard A.Hudson 杨炳钧译介.词项语法评介[J].当代语言学,2001,01.

[18]Richard Coastes.Lexical Morphology[M]//New Horizons in Linguistics 2.Edited by Jone Lyons,Richard Coastes,Margaret Deuchar and Gerald Gazdar.Penguin Books,1987.

[19]Rod Ellis. Understanding Second Language Acquisition[M].上海:上海外语教育出版社,1999.

[20]Saussure,F.Course in General Linguistics（translated by W.Baskin）[M].New York,London:Megraw－Hill Paperbacks.1959.

[21]W.P.莱曼.描写语言学引论[M].上海:上海外语教育出版

社,1986.

[22]Zellig S. Harris. From Morpheme to Utterance[J]. Lang. 1946,22.161－83.哈里斯.从语素到话语.李振麟译.语言学资料,1963,06.

[23]Zellig S. Harris. Morpheme Alternants in Linguistic Analysis[J]. Lang.1942,18.169－80.哈里斯.语言分析中的语素交替形式.王宗炎译.语言学资料,1963,06.

附录一 581个语素项及其构词情况分析表[①]

汉字	音项	语法类别	素义	构词数	居左构词数	居右构词数	所构高频词数
子	zǐ	名	古代指儿女,现在专指儿子	51	11	40	4
子	zǐ	名	指人	16		16	3
子	zǐ	名	古代特指有学问的男人,是男人的美称	4		4	0
子	zǐ	代	古代指你	0			0
子	zǐ	名	古代图书四部分类法(经史子集)中的第三类	2	2		0
子	zǐ	名	(～儿)种子	18	4	14	0
子	zǐ	名	卵	7		7	0
子	zǐ	形	幼小的;小的;嫩的	6	6		0
子	zǐ	形	比喻派生的、附属的	6	6		0
子	zǐ	名	(～儿)小而坚硬的块状物或粒状物	7	1	6	1

[①] 表中有个别语素在某一义项上构成了叠音词,因此"居左构词数"或"居右构词数"相加之后比构词总数少1。表中释义内容大部分参照《现汉》(第5版),若《现汉》漏收该义项或释义内容不够准确,则由课题组补充或修改后填入。具体调整方法参见第一章第二节。

续表

汉字	音项	语法类别	素 义	构词数	居左构词数	居右构词数	所构高频词数
子	zǐ	名	(～儿)铜子儿;铜圆	1		1	0
子	zǐ	量	(～儿)用于能用手指捏住的一束细长的东西	0			0
子	zǐ	名	封建五等爵位的第四等	0			0
子	zǐ	名	地支的第一位	2	2		0
子	zi	后缀	名词后缀	942		942	32
子	zi	后缀	某些量词后缀	1		1	0
子	zǐ	名	某种极小微粒或某些物理量的最小单位	13		13	0
不	bù	副	用在动词、形容词和其他副词前面表示否定	203	197	6	45
不	bù	副	加在名词或名词性词素前面，构成形容词	5	4	1	1
不	bù	副	单用,做否定性的回答(答话的意思跟问题相反)	0			0
不	bù	副	〈方〉用在句末表示疑问,跟反问句的作用相等	0			0
不	bù	副	用在动补结构中间,表示不可能达到某种结果	0			0
不	bù	副	"不"字的前后叠用相同的词,表示不在乎或不相干(常在前边加"什么")	0			0
不	bù	副	跟"就"搭用,表示选择	0			0
不	bù	副	不用;不要(限用于某些客套话)	0			0
大	dà	形	在体积、面积、数量、力量、强度等方面超过一般或超过所比较的对象(跟"小"相对)	283	239	44	58
大	dà	名	大小的程度	0			0
大	dà	副	程度深	16	14	1	4

续表

汉字	音项	语法类别	素义	构词数	居左构词数	居右构词数	所构高频词数
大	dà	副	用于"不"后,表示程度浅或次数少	0			0
大	dà	形	排行第一的	18	13	5	3
大	dà	名	年纪大的人	1	1		0
大	dà	形	敬辞,称与对方有关的事物	11	11		2
大	dà	形	用在时令或节日前,表示强调	0			0
大	dà	名	〈方〉父亲	0			0
大	dà	名	〈方〉伯父或叔父	0			0
大	dài	形	义同"大"(dà),用于"大夫、大王"	0			0
心	xīn	名	人和高等动物身体内推动血液循环的器官……	97	56	41	5
心	xīn	名	通常也指思想的器官和思想、感情等	245	85	160	22
心	xīn	名	中心;中央的部分	39	1	38	3
心	xīn	名	二十八宿之一	0			0
人	rén	名	能制造工具并使用工具进行劳动的高等动物	328	117	210	59
人	rén	名	每人;一般人	10	3	7	6
人	rén	名	指成年人	2	1	1	0
人	rén	名	指某种人	37	2	35	6
人	rén	名	别人	15	3	12	0
人	rén	名	指人的品质、性格或名誉	1		1	0
人	rén	名	指人的身体或意识	1		1	0
人	rén	名	指人手、人才	2		2	1
一	yī	数	最小的正整数	92	74	17	26
一	yī	数	表示同一	24	17	7	5

续表

汉字	音项	语法类别	素　义	构词数	居左构词数	居右构词数	所构高频词数
一	yī	数	表示另一	0			0
一	yī	数	表示整个;全	11	11		4
一	yī	数	表示专一	1		1	0
一	yī	数	表示动作是一次,或表示动作是短暂的,或表示动作是试试的 a)用在重叠的动词(多为单音)中间 b)用在动词之后,动量词之前	3	3		1
一	yī	数	用在动词或动量词前面,表示先做某个动作(下文说明动作结果)	2	2		0
一	yī	数	与"就"配合,表示两个动作紧接着发生	1	1		0
一	yī	副	一旦;一经	2	2		1
一	yī	助	〈书〉用在某些词前加强语气	12	12		2
一	yī	名	我国民族音乐音阶上的一级,乐谱上用作记音符号,相当于简谱的"(7)"	0			0
一	yī	副	都;一概	7	7		0
头	tóu	名	人身最上部或动物最前部长着口、鼻、眼等器官的部分	98	26	72	13
头	tóu	名	指头发或所留头发的样式	14	2	12	0
头	tóu	名	(~儿)物体的顶端或末梢	63	1	62	5
头	tóu	名	(~儿)事情的起点或终点	18	2	16	0
头	tóu	名	(~儿)物品的残余部分	11	2	9	0
头	tóu	名	(~儿)头目	11	2	8	0
头	tóu	名	(~儿)方面	7		7	1
头	tóu	数	第一	7	6	1	1
头	tóu	形	领头的;次序居先的	8	8		1

续表

汉字	音项	语法类别	素义	构词数	居左构词数	居右构词数	所构高频词数
头	tóu	形	用在数量词前面,表示次序在前的	8	8		0
头	tóu	形	〈方〉用在"年"或"天"前面,表示时间在先的	7	7		0
头	tóu	介	临;接近	0			0
头	tóu	量	a)用于动物(多指家畜)b)用于蒜	0			0
头	tou	后缀	名词后缀 a)接于名词性词根 b)接于动词词根 c)接于形容词词根	143		143	5
头	tou	后缀	方位词后缀	17		17	0
头	tóu	名	上、里、间,表示在一定的空间范围内	13		13	2
气	qì	名	气体	45	17	28	6
气	qì	名	特指空气	45	22	23	2
气	qì	名	(～儿)气息(呼吸时出入的气)	45	10	35	0
气	qì	名	指自然界冷热阴晴等现象	4	3	1	2
气	qì	名	气味(鼻子可以闻到的味儿)	8	3	5	2
气	qì	名	人的精神状态	32	4	28	3
气	qì	名	气势	42	12	30	1
气	qì	名	人的作风习气	19		19	1
气	qì	动	生气;发怒	7	3	4	1
气	qì	动	使人生气	0			0
气	qì	名	欺负;欺压	2		2	0
气	qì	名	中医指人体内能使各器官正常发挥功能的原动力	16	6	10	1
气	qì	名	中医指某种病象	7		7	0
气	qì	名	气数;命运	8		8	0

续表

汉字	音项	语法类别	素　义	构词数	居左构词数	居右构词数	所构高频词数
气	qì	后缀	形容词词尾,"……气"相当于"……的样子"	33		33	0
无	wú	动	没有(跟"有"相对)	88	85	3	23
无	wú	副	不	27	27		6
无	wú	连	不论	0			0
无	wú	副	同"毋"	1	1		0
水	shuǐ	名	最简单的氢氧化合物,化学式H_2O……	197	116	81	18
水	shuǐ	名	河流	13	5	8	1
水	shuǐ	名	指江、河、湖、海、洋	24	20	4	2
水	shuǐ	名	稀的汁	39	6	33	2
水	shuǐ	名	指附加的费用或额外的收入	4		4	0
水	shuǐ	量	用于洗衣物等的次数	0			0
地	dì	名	地球;地壳	38	32	6	7
地	dì	名	陆地	41	18	23	7
地	dì	名	土地;田地	51	17	34	4
地	dì	名	地板(房屋等建筑物内部以及周围的地上铺的一层东西,材料多为木头、砖石或混凝土)	37	23	14	5
地	dì	名	地区(较大范围的地方)	26	9	17	6
地	dì	名	地区(我国省、自治区设立的行政区域,一般包括若干县、市。旧称专区。)	0			0
地	dì	名	地方(dìfāng)(中央下属的各级行政区划的统称,跟"中央"相对)	2	2		0
地	dì	名	地方(dì·fang)(某一区域;空间的一部分;部位)	15	4	11	4
地	dì	名	地点	30	2	28	3

续表

汉字	音项	语法类别	素义	构词数	居左构词数	居右构词数	所构高频词数
地	dì	名	地位	1		1	0
地	dì	名	地步	5	2	3	3
地	dì	名	（～儿）花纹或文字的衬托面	3		3	0
地	dì	名	路程（用于里数、站数后）	0		0	
地	de	助	表示它前边的词或词组是状语	0		0	
地	dì	名	位于地下的	17	17		1
地	dì	后缀	代词或副词词尾	7		7	1
色	sè	名	颜色	92	15	77	10
色	sè	名	脸上表现的神情；神色	26		26	1
色	sè	名	种类	8		8	2
色	sè	名	情景；景象	9		9	0
色	sè	名	物品的质量	6		6	0
色	sè	名	指妇女美貌	11	2	9	0
色	sè	名	指情欲	4	4		1
色	shǎi	名	〈口〉颜色	13	1	12	0
天	tiān	名	天空	87	51	36	9
天	tiān	名	位置在顶部的；凌空架设的	10	10		1
天	tiān	名	一昼夜二十四小时的时间，有时专指白天	16		16	6
天	tiān	量	用于计算天数	8	1	7	0
天	tiān	名	（～儿）一天里的某一段时间	1		1	1
天	tiān	名	季节	6		6	4
天	tiān	名	天气	7	1	6	0
天	tiān	形	天然的；天生的	17	16	1	1
天	tiān	名	自然界	8	8		2

续表

汉字	音项	语法类别	素义	构词数	居左构词数	居右构词数	所构高频词数
天	tiān	名	迷信的人指自然界的主宰者；造物	30	28	2	4
天	tiān	名	迷信的人指神佛仙人所住的地方	23	18	5	2
花	huā	名	(～儿)种子植物的有性繁殖器官……	90	48	42	2
花	huā	名	(～儿)可供观赏的植物	30	17	13	2
花	huā	名	(～儿)形状像花朵的东西	15		15	0
花	huā	名	烟火的一种……	2	1	1	0
花	huā	名	(～儿)花纹	32	11	21	0
花	huā	形	颜色或种类错杂的	24	23	1	0
花	huā	形	(眼睛)模糊迷乱	5	2	3	0
花	huā	形	〈方〉衣服磨损或要破没破的样子	1		1	0
花	huā	形	用来迷惑人的；不真实或不真诚的	8	8		1
花	huā	名	比喻事业的精华	0			0
花	huā	名	比喻年轻漂亮的女子	2		2	0
花	huā	名	指妓女	0			0
花	huā	名	棉花	2	1	1	0
花	huā	名	(～儿)指某些小的像花的东西	8		8	0
花	huā	名	〈方〉指某些幼小动物	1		1	0
花	huā	名	(～儿)天花	0			0
花	huā	名	作战时受的外伤	1		1	0
花	huā	动	用；耗费	11	9	2	1
生	shēng	动	生育；出生	51	22	29	7
生	shēng	动	生长	22	6	16	2

续表

汉字	音项	语法类别	素义	构词数	居左构词数	居右构词数	所构高频词数
生	shēng	动	生存;活(跟"死"相对)	31	17	14	4
生	shēng	名	生计	5		5	1
生	shēng	名	生命	18	1	17	5
生	shēng	名	生平	12	2	10	2
生	shēng	形	具有生命力的;活的	19	13	6	4
生	shēng	动	产生;发生	24	11	13	7
生	shēng	动	使柴、煤等燃烧	1	1		0
生	shēng	形	果实没有成熟(跟"熟"相对)	4	4		0
生	shēng	形	(食物)没有煮过或煮得不够的	6	5	1	0
生	shēng	形	没有进一步加工或炼过的	9	9		0
生	shēng	形	生疏	23	12	11	1
生	shēng	副	生硬;勉强	1	1		0
生	shēng	副	很(用在少数表示感情、感觉的词的前面)	2	2		0
生	shēng	名	学习的人;学生	15	1	14	5
生	shēng	名	旧时称读书人	5	1	4	0
生	shēng	名	戏曲角色行当,扮演男子,有老生、小生、武生等区别	6	1	5	0
生	shēng	后缀	某些指人的名词后缀	3		3	2
生	shēng	后缀	某些副词或形容词的后缀,如"好生、怎生"等	8		8	0
自	zì	代	自己	151	142	9	27
自	zì	副	自然;当然	1	1		0
自	zì	介	从;由	4	4		1
手	shǒu	名	人体上肢前端能拿东西的部分	217	91	126	24
手	shǒu	动	拿着	0			0

续表

汉字	音项	语法类别	素义	构词数	居左构词数	居右构词数	所构高频词数
手	shǒu	形	小巧而便于拿的	9	9		2
手	shǒu	副	亲手	9	9		0
手	shǒu	名	手段;手法	16	7	9	2
手	shǒu	量	(～儿)用于技能、本领等	1		1	0
手	shǒu	名	擅长某种技能的人或做某种事情的人	46		46	11
手	shǒu	名	用在表示方位的词后,表示地点、相当于"边"、"面"	9		9	0
工	gōng	名	工人和工人阶级	63	8	55	8
工	gōng	名	工作;生产劳动	121	46	75	18
工	gōng	名	工程	18	8	10	4
工	gōng	名	工业	6	3	3	2
工	gōng	名	工程师	0			0
工	gōng	名	一个工人或农民一个劳动日的工作	2		2	0
工	gōng	名	(～儿)技术和技术修养	10	2	8	0
工	gōng	动	长于;善于	1	1		0
工	gōng	形	精巧;精致	7	7		0
工	gōng	名	我国民族音乐音阶上的一级,乐谱上用作记音符号,相当于简谱的"3"	1	1		0
小	xiǎo	形	在体积、面积、数量、力量、强度等方面不及一般的或不及比较的对象(跟"大"相对)	164	138	26	14
小	xiǎo	副	短时间地	3	3		0
小	xiǎo	副	稍微	1	1		0
小	xiǎo	副	略微少于;将近	2	2		0
小	xiǎo	形	排行最末的	8	7	1	0

续表

汉字	音项	语法类别	素义	构词数	居左构词数	居右构词数	所构高频词数
小	xiǎo	名	年纪小的人	3	1	2	0
小	xiǎo	名	指妾（旧时男子在妻子以外娶的女子）	0			0
小	xiǎo	形	谦辞，称自己或与自己有关的人或事物	6	6		0
发	fā	动	送出；交付	55	31	24	10
发	fā	动	发射	3	2	1	1
发	fā	动	产生；发生	50	32	18	11
发	fā	动	表达	17	14	3	4
发	fā	动	扩大；开展	13	11	2	5
发	fā	动	因得到大量财物而兴旺	6	5	1	0
发	fā	动	食物等因发酵或水浸而膨胀	5	5		0
发	fā	动	放散；散开	12	5	7	1
发	fā	动	揭露；打开	11	6	5	2
发	fā	动	因变化而显现、散发	9	8	1	0
发	fā	动	流露（感情）	22	22		0
发	fā	动	感到（多指不愉快的情况）	13	13		0
发	fā	动	起程	3		3	1
发	fā	动	开始行动	15	9	6	3
发	fā	动	引起；启发	4	2	2	1
发	fā	量	颗，用于枪弹、炮弹	0			0
发	fà	名	头发	25	11	14	1
下	xià	名	位置在低处的	64	30	34	12
下	xià	名	等次或品级低的	32	24	7	2
下	xià	名	次序或时间在后的	19	14	4	2
下	xià	副	向下面	20	20		7

续表

汉字	音项	语法类别	素 义	构词数	居左构词数	居右构词数	所构高频词数
下	xià	名	表示属于一定范围、情况、条件等	9		9	1
下	xià	名	表示当某个时间或时节	6		6	2
下	xià	名	用在数目字后面,表示方面或方位	0			0
下	xià	动	由高处到低处	13	13		0
下	xià	动	(雨、雪等)降落	0			0
下	xià	动	发布;投递	4	4		1
下	xià	动	去;到(处所)	14	14		1
下	xià	动	退场	9	9		1
下	xià	动	放入	8	8		0
下	xià	动	进行(棋类游艺或比赛)	1	1		0
下	xià	动	卸除;取下	2	2		0
下	xià	动	做出(言论、判断等)	0			0
下	xià	动	使用;开始使用	6	6		0
下	xià	动	(动物)生产	2	2		0
下	xià	动	攻陷	0			0
下	xià	动	退让	0			0
下	xià	动	到规定时间结束日常工作或学习等	7	7		2
下	xià	动	低于;少于	1		1	0
下	xià	量	a)用于动作的次数 b)〈方〉用于器物的容量	3	1	2	1
下	xià	量	用在"两、几"后面,表示本领、技能	1	1		0
下	xià	动(趋向)	表示由高处到低处	15	14	1	0
下	xià	动(趋向)	表示有空间,能容纳	0			0

续表

汉字	音项	语法类别	素　义	构词数	居左构词数	居右构词数	所构高频词数
下	xià	动(趋向)	表示动作的完成或结果	8	6	2	0
行	háng	名	行列	10	6	4	1
行	háng	动	排行	2	1	1	1
行	háng	名	行业	31	14	17	3
行	háng	名	某些营业机构	4		4	1
行	háng	量	用于成行的东西	2		2	0
行	hàng	名	行列,用于"树行子"	0			0
行	héng	名	见"道行"	1		1	0
行	xíng	动	走	71	25	46	13
行	xíng	名	古代指路程	0			0
行	xíng	动	指旅行或跟旅行有关的	15	11	4	1
行	xíng	形	流动性的;临时性的	4	4		1
行	xíng	动	流通;推行	14	3	11	3
行	xíng	动	做;办	60	27	33	17
行	xíng	动	表示进行某项活动(多用于双音动词前)	4		4	2
行	xíng	名	行为	17	3	14	1
行	xíng	动	可以	3		3	1
行	xíng	形	能干	1		1	0
行	xíng	副	〈书〉将要	1	1		0
行	xíng	动	吃了药之后使药性发散,发挥效力	0			0
动	dòng	动	(事物)改变原来位置或脱离静止状态(跟"静"相对)	101	23	78	18
动	dòng	动	动作;行动	44	9	35	12
动	dòng	动	改变(事物)原来的位置或样子	46	11	35	12

续表

汉字	音项	语法类别	素　义	构词数	居左构词数	居右构词数	所构高频词数
动	dòng	动	使用；使起作用	8	8		1
动	dòng	动	触动(思想感情)	8	6	2	0
动	dòng	动	感动	4	1	3	2
动	dòng	动	〈方〉吃；喝(多用于否定式)	0			
动	dòng	副	〈书〉动不动；常常	1	1		0
长	cháng	形	两点之间的距离大（跟"短相对"）a)指空间 b)指时间	84	73	11	10
长	cháng	名	长度	4		4	0
长	cháng	名	长处	4	1	3	1
长	cháng	动	(对某事)做得特别好	3	2	1	1
长	cháng	形	多余；剩余	2	2		0
长	zhǎng	形	年纪较大	8	4	4	0
长	zhǎng	形	排行最大	7	7		1
长	zhǎng	形	辈分大	5	3	2	0
长	zhǎng	名	领导人	14	1	13	3
长	zhǎng	动	生	2	1	1	0
长	zhǎng	动	生长；成长	10	2	8	2
长	zhǎng	动	增进；增加	6	2	4	1
然	rán	形	对；不错	0			0
然	rán	代	〈书〉如此；这样；那样	40	2	38	6
然	rán	连	〈书〉然而	1	1		1
然	rán	后缀	副词或形容词后缀	146		146	13
然	rán	动	应允	1	1		0
风	fēng	名	跟地面大致平行的空气流动的现象……	157	71	86	10
风	fēng	动	借风力吹(使东西干燥或纯净)	1	1		0

续表

汉字	音项	语法类别	素 义	构词数	居左构词数	居右构词数	所构高频词数
风	fēng	形	借风力吹干的	0			0
风	fēng	副	像风那样快	2	2		0
风	fēng	名	风气；风俗	26	8	18	4
风	fēng	名	景象	5	5		2
风	fēng	名	态度；姿态	34	25	9	6
风	fēng	名	(～儿)风声；消息	14		14	0
风	fēng	形	传说的；没有确实根据的	3	3		0
风	fēng	名	指民歌	7	5	2	0
风	fēng	名	中医指一种致病的重要因素或某些疾病	6	2	4	0
面	miàn	名	头的前部；脸	62	30	32	9
面	miàn	动	向着；朝着	7	5	2	1
面	miàn	名	(～儿)物体的表面,有时特指某些物体的上部的一层	41	7	34	7
面	miàn	副	当面	11	11		1
面	miàn	名	(～儿)东西露在外面的那一层或纺织品的正面	4	1	3	0
面	miàn	名	几何学上指一条线移动所构成的图形,有长有宽,没有厚	7		7	1
面	miàn	名	部位或方面	37		37	12
面	miàn	后缀	方位词后缀	20		20	5
面	miàn	量	a)用于扁平的物件 b)用于会见的次数	4		4	1
面	miàn	名	粮食磨成的粉,特指小麦磨成的粉	31	19	12	1
面	miàn	名	(～儿)粉末	2	1	1	0
面	miàn	名	面条	13	4	9	0

续表

汉字	音项	语法类别	素 义	构词数	居左构词数	居右构词数	所构高频词数
面	miàn	形	〈方〉指某些食物纤维少而柔软	1	1		0
上	shàng	名	位置在高处的	41	36	5	8
上	shàng	名	等级或品质高的	32	26	5	2
上	shàng	名	次序或时间在前的	29	23	5	4
上	shàng	名	旧指皇帝	2	1	1	0
上	shàng	副	向上面	21	21		8
上	shàng	动	由低处到高处	19	18	1	1
上	shàng	动	到;去(某个地方)	18	18		0
上	shàng	动	向上级呈递	2	2		0
上	shàng	动	向前进	0			0
上	shàng	动	出场	3	3		5
上	shàng	动	把饭菜等端上桌子	0			0
上	shàng	动	添补;增加	1	1		0
上	shàng	动	把一件东西安装在另一件东西上;把一件东西的两部分安装在一起	3	3		0
上	shàng	动	涂;搽	3	3		0
上	shàng	动	登载;电视上播映	8	8		0
上	shàng	动	拧紧	0			0
上	shàng	动	到规定时间开始工作或学习等	7	7		3
上	shàng	动	达到;够(一定数量或程度)	0			0
上	shàng	名	(又 shǎng)上声	2	2		0
上	shàng	名	我国民族音乐音阶上的一级,乐谱上用作记音符号,相当于简谱的"1"。	0			0
上	shàng	动(趋向)	表示由低处向高处	5	5		0

续表

汉字	音项	语法类别	素义	构词数	居左构词数	居右构词数	所构高频词数
上	shàng	动(趋向)	表示有了结果或达到目的	2	1	1	0
上	shàng	动(趋向)	表示开始并继续	1	1		1
上	shàng	名	用在名词后,表示在物体的表面	8	3	5	2
上	shàng	名	用在名词后,表示在某种事物的范围以内	5		5	1
上	shàng	名	表示某一方面	3	3		0
上	shǎng	名	指上声	1	1		0
上	shàng	名	表示时间	3		3	2
上	shàng	动	产生;形成	5	5		0
得	dé	动	得到	38	28	10	10
得	dé	动	演算产生结果	1	1		0
得	dé	动	适合	8	7	1	1
得	dé	动	得意	1		1	0
得	dé	动	〈口〉完成	1	1		
得	dé	动	〈口〉用于结束谈话的时候,表示同意或禁止	1	1		0
得	dé	动	〈口〉用于情况不如人意的时候,表示无可奈何	0			0
得	dé	动	用在别的动词前,表示许可(多见于法令和公文)	1		1	2
得	dé	动	〈方〉用在别的动词前,表示可能这样(多用于否定式)	1		1	0
得	de	助	用在动词后面,表示可能、可以	14		14	3
得	de	助	用在动词和补语中间,表示可能	0			0
得	de	助	用在动词或形容词后面,连接表示结果或程度的补语	0			0

续表

汉字	音项	语法类别	素　义	构词数	居左构词数	居右构词数	所构高频词数
得	de	助	用在动词后面,表示动作已经完成(多见于早期白话)	0			0
得	děi	动	〈口〉需要	0			0
得	děi	动	〈口〉表示意志上或事实上的必要	3		3	0
得	děi	动	〈口〉表示揣测的必然	0			0
得	děi	形	〈方〉舒服;满意	0			0
打	dá	量	十二个为一打	0			0
打	dǎ	动	用手或器具撞击物体	46	30	16	4
打	dǎ	动	器皿、蛋类等因撞击而破碎	1	1		0
打	dǎ	动	殴打;攻打	19	8	11	4
打	dǎ	动	发生与人交涉的行为	2	2		0
打	dǎ	动	建造;修筑	1		1	0
打	dǎ	动	制造(器物、食品)	3	3		1
打	dǎ	动	搅拌	4	4		0
打	dǎ	动	捆	3	3		0
打	dǎ	动	编织	0			0
打	dǎ	动	涂抹;画;印	8	8		2
打	dǎ	动	揭;凿开	4	4		1
打	dǎ	动	举;提	1	1		0
打	dǎ	动	放射;发出	10	9	1	2
打	dǎ	动	〈方〉付给或领取(证件)	0			0
打	dǎ	动	除去	3	3		0
打	dǎ	动	舀取	1	1		0
打	dǎ	动	买	1	1		0
打	dǎ	动	捉(禽兽等)	3	3		0

续表

汉字	音项	语法类别	素　义	构词数	居左构词数	居右构词数	所构高频词数
打	dǎ	动	用割、砍等动作来收集	0			0
打	dǎ	动	定出;计算	3	3		1
打	dǎ	动	做;从事	12	12		1
打	dǎ	动	做某种游戏	3	1	2	2
打	dǎ	动	表示身体上的某些动作	13	13		0
打	dǎ	动	采取某种方式	8	8		0
打	dǎ	介	从	7	3	4	0
打	dǎ	动	注入;扎入	3	3		0
打	dǎ	动	发生;产生;呈现某种状态	8	8		0
打	dǎ	动	打击(攻击,使受挫折)	9	7	2	2
口	kǒu	名	人或动物进饮食的器官,有的也是发声器官的一部分。通称嘴。	117	47	70	5
口	kǒu	名	指口味	14	6	8	0
口	kǒu	名	指人口	5		5	1
口	kǒu	名	(～儿)容器通往外面的地方	24	4	20	2
口	kǒu	名	(～儿)出入通过的地方	26	2	24	5
口	kǒu	名	长城的关口,多用于地名,也泛指这些关口	3	3		0
口	kǒu	名	(～儿)(人体、物体的表层)破裂的地方	16	1	15	2
口	kǒu	名	性质相同或相近的单位形成的管理系统	3		3	0
口	kǒu	名	刀、剑、剪刀等的刃	4		4	0
口	kǒu	名	指马、驴、骡等的年龄(因可以由牙齿的多少看出来)	3	3		0
口	kǒu	量	a)用于人 b)用于某些家畜或器物等	7	1	6	1

续表

汉字	音项	语法类别	素义	构词数	居左构词数	居右构词数	所构高频词数
口	kǒu	名	口头的	23	23		1
有	yǒu	动	表示领有（跟"无、没"相对）	42	23	19	11
有	yǒu	动	表示存在	35	24	11	9
有	yǒu	动	表示达到一定的数量或某种程度	2		2	0
有	yǒu	动	表示发生或出现	6	4	2	1
有	yǒu	动	表示所领有的某种事物（常为抽象的）多或大	1	1		0
有	yǒu	动	泛指，跟"某"的作用相近	1	1		1
有	yǒu	动	用在"人、时候、地方"前面，表示一部分	3	3		2
有	yǒu	助	用在某些动词的前面组成套语，表示客气	2	2		0
有	yǒu	前缀	前缀，用在某些朝代名称的前面	0			0
有	yòu	副	表示整数之外再加零	0			0
力	lì	名	物体之间的相互作用，是使物体获得加速度和发生形变的外因。力有三个要素，即力的大小、方向和作用点	38	6	32	6
力	lì	名	力量；能力	105	6	99	32
力	lì	名	特指体力	40	4	36	5
力	lì	动	尽力；努力	18	16	2	4
意	yì	名	语言文字等的意义，思想内容	41	12	29	7
意	yì	名	心愿；愿望	77	14	63	20
意	yì	动	意料；料想	6	5	1	2
意	yì	名	情趣；趣味	13	7	6	0
意	yì	名	某种感觉、趋势或苗头	9		9	0

附录一
581个语素项及其构词情况分析表

续表

汉字	音项	语法类别	素 义	构词数	居左构词数	居右构词数	所构高频词数
化	huà	动	变化；使变化	36	12	24	7
化	huà	动	感化	5	2	3	0
化	huà	动	熔化；融化；溶化	7	1	6	0
化	huà	动	消化；消除	5	2	3	2
化	huà	动	烧化	3		3	0
化	huà	动	（僧道）死	2		2	0
化	huà	名	指化学	7	6	1	2
化	huà	后缀	加在名词或形容词之后构成动词，表示转变成某种性质或状态	58		58	10
化	huà	动	（僧道）向人求布施	5	3	2	0
化	huā	动	同"花"（用，耗费）	0		0	
出	chū	动	从里面到外面（跟"进、入"相对）	119	112	7	27
出	chū	动	来到	15	15		4
出	chū	动	超出	20	15	5	6
出	chū	动	往外拿	10	10		3
出	chū	动	出产；产生	13	8	5	1
出	chū	动	发生	7	5	2	1
出	chū	动	出版	1	1		1
出	chū	动	发出；发泄	4	4		1
出	chū	动	引文、典故等见于某处	2	2		1
出	chū	动	显露	20	18	2	5
出	chū	动	显得量多	3	3		0
出	chū	动	支出	6	4	2	0
出	chū	名	〈方〉跟"往"连用，表示向外	0		0	

续表

汉字	音项	语法类别	素义	构词数	居左构词数	居右构词数	所构高频词数
出	chū	量	一本传奇中的一个大段落叫一出,戏曲的一个独立剧目也叫一出	0		0	
出	chū	动	用在动词后表示向外、显露或完成	23	5	18	7
机	jī	名	机器	65	35	30	11
机	jī	名	飞机	22	8	14	3
机	jī	名	事情变化的枢纽;有重要关系的环节	21	7	14	4
机	jī	名	机会;时机	22	3	19	6
机	jī	名	生活机能	4	4		0
机	jī	名	重要的事务	2		2	0
机	jī	名	心思;念头	7		7	1
机	jī	形	能迅速适应事物的变化的;灵活	11	10	1	0
火	huǒ	名	物体燃烧时所发的光和焰	170	83	87	9
火	huǒ	名	指枪炮弹药	16	6	10	1
火	huǒ	名	火气(中医指引起发炎、红肿、烦躁等症状的病因)	9	2	7	0
火	huǒ	形	形容红色	3	2	1	0
火	huǒ	形	比喻紧急	2	2		0
火	huǒ	名	怒气	12	1	11	0
火	huǒ	动	比喻发怒	5	4	1	1
火	huǒ	形	〈口〉兴旺;兴隆	5	4	1	1
火	huǒ	名	古代兵制,十个士兵为一火,共灶起火做饭。后来写作"伙"	4	4		0
电	diàn	名	有电荷存在和电荷变化的现象……	127	94	33	22
电	diàn	名	闪电	2		2	1

续表

汉字	音项	语法类别	素义	构词数	居左构词数	居右构词数	所构高频词数
电	diàn	动	触电	0			0
电	diàn	名	电报	16	3	13	0
电	diàn	动	打电报	7	4	3	0
老	lǎo	形	年岁大(跟"少、幼"相对)	61	47	14	5
老	lǎo	名	老年人(多用作尊称)	12	3	9	1
老	lǎo	动	婉辞,指人死(多指老人,必带"了")	0			0
老	lǎo	形	对某些方面富有经验;老练	9	7	2	0
老	lǎo	形	很久以前就存在的(跟"新"相对)	21	20	1	2
老	lǎo	形	陈旧	6	6		1
老	lǎo	形	原来的	8	8		1
老	lǎo	形	(蔬菜)长得过了适口的时期(跟"嫩"相对)	0			0
老	lǎo	形	(食物)火候大	0			0
老	lǎo	形	(某些高分子化合物)变质	1	1		0
老	lǎo	形	(某些颜色)深	0			0
老	lǎo	副	很久	0			0
老	lǎo	副	经常	1	1		0
老	lǎo	副	很;极	1	1		0
老	lǎo	形	排行在末了的	0			0
老	lǎo	前缀	用于称人、排行次序、某些动植物名	28	28		7
外	wài	名	外边(跟"内、里"相对)	101	85	16	14
外	wài	名	指自己所在地以外的	13	13		2
外	wài	名	外国;外国的	32	27	5	12

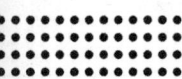现代汉语常用语素项属性研究

续表

汉字	音项	语法类别	素　义	构词数	居左构词数	居右构词数	所构高频词数
外	wài	名	称母亲、姐妹或女儿方面的亲戚	10	10		0
外	wài	形	关系疏远的	5	4	1	0
外	wài	副	另外	6	3	3	1
外	wài	名	以外	33	9	24	5
外	wài	形	非正式的;非正规的	5	5		0
外	wài	名	戏曲角色行当,扮演老年男子	0			
白	bái	形	像霜或雪的颜色(跟"黑"相对)	116	84	32	5
白	bái	形	光亮;明亮	10	8	2	1
白	bái	形	清楚;明白;弄明白	8	1	7	1
白	bái	形	没有加上什么东西的;空白	36	32	4	1
白	bái	副	没有效果;徒然	6	4		0
白	bái	副	无代价;无报偿	4	4		0
白	bái	形	象征反动	1	1		0
白	bái	形	指丧事	1	1		0
白	bái	动	用白眼珠看人,表示轻视或不满	0			0
白	bái	形	(字音或字形)错误	2	1	1	0
白	bái	动	说明;告诉;陈述	12		12	0
白	bái	名	戏曲或歌剧中在唱词之外用说话腔调说的语句	15	1	14	0
白	bái	名	指地方话	1		1	0
白	bái	名	白话	0			0
流	liú	动	液体移动;流动	69	46	23	11
流	liú	动	移动不定	29	27	2	1
流	liú	动	流传;传播	14	11	3	2

续表

汉字	音项	语法类别	素 义	构词数	居左构词数	居右构词数	所构高频词数
流	liú	动	向坏的方面转变	0			0
流	liú	动	旧时的刑罚,把犯人送到边远地区去	3	3		0
流	liú	名	指江河的流水	46	1	45	4
流	liú	名	像水流的东西	13		13	1
流	liú	名	品类;等级	14	1	13	1
流	liú	量	流明的简称……	0			0
来	lái	动	从别的地方到说话人所在的地方(跟"去"相对)	45	40	5	6
来	lái	动	(问题、事情等)发生;来到	16	11	5	5
来	lái	动	做某个动作(代替意义更具体的动词)	4	2	2	0
来	lái	动(趋向)	跟"得"或"不"连用,表示可能或不可能	1		1	0
来	lái	动	用在另一动词前面,表示要做某件事	0			0
来	lái	动	用在另一动词或动词结构后面,表示来做某件事	0			0
来	lái	动	用在动词结构(或介词结构)与动词(或动词结构)之间,表示前者是方法、方向或态度,后者是目的	0			0
来	lái	助	来着	1	1		0
来	lái	形	未来的	5	5		0
来	lái	名	从过去到现在	16		16	6
来	lái	助	用在"十、百、千"等数词或数量词后面表示概数	0			0
来	lái	助	用在"一、二、三"等数词后面,列举理由	0			0
来	lái	助	诗歌、熟语、叫卖声里用作衬字	0			0

续表

汉字	音项	语法类别	素 义	构词数	居左构词数	居右构词数	所构高频词数
来	lái	动(趋向)	用在动词后,表示动作朝着说话人所在的地方	21		21	1
来	lái	动(趋向)	用在动词后,表示结果	10		10	0
学	xué	动	学习	50	30	20	15
学	xué	动	模仿	6	6		0
学	xué	名	学问	54	16	38	6
学	xué	名	指学科	22	3	19	6
学	xué	名	学校	32	10	22	5
光	guāng	名	通常指照在物体上,使人能看见物体的那种物质,如太阳光、灯光、月光,以及看不见的红外线和紫外线灯等。也叫光波、光线	115	42	73	11
光	guāng	名	景物	6	1	5	2
光	guāng	名	光彩;荣誉	8	4	4	1
光	guāng	名	比喻好处	4		4	0
光	guāng	副	敬辞,表示光荣,用于对方来临	3	2	1	0
光	guāng	动	光大;使显耀	3	2	1	0
光	guāng	形	明亮	11	10	1	1
光	guāng	形	光滑;光溜	6	4	2	0
光	guāng	形	一点(儿)不剩;全没有了;完了	2			
光	guāng	动	(身体)露着	7	7		0
光	guāng	副	只;单	2		2	1
分	fēn	动	使整体事物变成几部分或使联在一起的事物离开(跟"合"相对)	74	70	4	18
分	fēn	动	分配	20	17	3	4

续表

汉字	音项	语法类别	素 义	构词数	居左构词数	居右构词数	所构高频词数
分	fēn	动	辨别	9	7	2	1
分	fēn	形	分支;部分	10	10		0
分	fēn	名	(～儿)分数(评定成绩或胜负时所记的分儿的数字。)	14	1	13	3
分	fēn	名	分数(把一个单位分成若干等份,表示其中的一份或几份的数……)	6	3	3	0
分	fēn	名	表示分数;程度;成数	2		2	1
分	fēn	数	(某些计量单位的)十分之一	2	2		0
分	fēn	量	计量单位名称 a)长度 b)地积 c)质量或重量 d)货币 e)时间 f)弧或角 g)经度或维度 h)利率 i)评定成绩等	8	6	2	1
分	fèn	名	成分	12		12	2
分	fèn	名	职责、权利等的限度	19	4	15	2
分	fèn	名	(～儿)情分;情谊	2		2	0
分	fèn	名	同"份"(整体里的一部分)	4	1	3	2
分	fèn	动	〈书〉料想	1		1	0
山	shān	名	地面上由土、石形成的高耸的部分	111	80	31	4
山	shān	名	形状像山的东西	5	1	4	0
山	shān	名	〈方〉蚕蔟	3		3	0
山	shān	名	指山墙	1		1	0
年	nián	名	时间的单位,公历1年是地球绕太阳一周的时间,平年365日,闰年366日,每4年有1个闰年	75	28	47	17
年	nián	量	用于计算年数	17	3	14	3

续表

汉字	音项	语法类别	素义	构词数	居左构词数	居右构词数	所构高频词数
年	nián	名	每年的	9	9		3
年	nián	名	岁数	22	16	6	4
年	nián	名	一生中按年龄划分的阶段	18		18	4
年	nián	名	时期;时代	8	3	5	5
年	nián	名	一年中庄稼的收成	9	6	3	0
年	nián	名	年节	11	5	6	2
年	nián	名	有关年节的(用品)	5	5		0
年	nián	名	科举时代同年登科的关系	0			0
体	tǐ	名	身体,有时指身体的一部分	55	28	27	12
体	tǐ	名	物体	58	3	55	18
体	tǐ	名	文字的书写形式;作品的体裁	32	5	27	1
体	tǐ	动	亲身(经验);设身处地(着想)	11	11		2
体	tǐ	名	体制(国家、国家机关、企业、事业单位等的组织制度)	6	3	3	0
体	tǐ	名	一种语法范畴,多表示动词所指动作进行的情况,如进行体、完成体等	0			0

附录二 190个X1a类语素项的分级结果和教学方法标注

汉字	素　义	频率参数总值	建议级别	词/素教学顺序①	教学类型②	构词位置③
心	通常也指思想的器官和思想、感情等	22	初级	1	2	3
手	人体上肢前端能拿东西的部分	22	初级	1	2	3
头	人身最上部或动物最前部长着口、鼻、眼等器官的部分	22	初级	1	2	4
人	能制造工具并使用工具进行劳动的高等动物	22	初级	1	2	3
老	年岁大（跟"少、幼"相对）	22	初级	1	2	2
一	最小的正整数	22	初级	1	2	2
无	没有（跟"有"相对）	22	初级	1	2	2
长	两点之间的距离大（跟"短相对"）a)指空间 b)指时间	22	初级	1	2	2

① "词、素教学顺序标注"一栏中，"1"表示"素—词"，"2"表示"词—素—词"。
② "语素项教学类型标注"一栏中，"1"表示"生成型"，"2"表示"分析型"。
③ "构词位置信息"一栏中，"1"表示单居前位，"2"表示前位优势，"3"表示位置自由，"4"表示后位优势，"5"表示单居后位。

续表

汉字	素　义	频率参数总值	建议级别	词/素教学顺序①	教学类型②	构词位置③
大	在体积、面积、数量、力量、强度等方面超过一般或超过所比较的对象（跟"小"相对）	22	初级	1	2	2
小	在体积、面积、数量、力量、强度等方面不及一般的或不及比较的对象（跟"大"相对）	22	初级	1	2	2
年	时间的单位，公历1年是地球绕太阳一周的时间，平年365日，闰年366日，每4年有1个闰年	22	初级	1	2	3
不	用在动词、形容词和其他副词前面表示否定	22	初级	1	1	2
水	最简单的氢氧化合物，化学式H_2O	22	初级	1	2	3
花	（～儿）种子植物的有性繁殖器官……	22	初级	1	2	2
山	地面上由土、石形成的高耸的部分	22	初级	1	2	2
白	像霜或雪的颜色（跟"黑"相对）	21	初级	1	2	2
学	学习	21	初级	1	2	3
外	外边（跟"内、里"相对）	20	初级	1	2	2
来	从别的地方到说话人所在的地方	20	初级	1	1	2
有	表示领有（跟"无、没"相对）	20	初级	1	1	3
风	跟地面大致平行的空气流动的现象，是由于气压分布不均匀而产生的	20	初级	1	2	3
流	液体移动；流动	19	初级	1	2	2
人	指某种人	19	初级	2	1	4
动	（事物）改变原来位置或脱离静止状态（跟"静"相对）	19	初级	1	2	4
下	位置在低处的	19	初级	1	2	3

续表

汉字	素　义	频率参数总值	建议级别	词/素教学顺序①	教学类型②	构词位置③
口	人或动物进饮食的器官,有的也是发声器官的一部分。通称嘴。	19	初级	1	2	3
打	用手或器具撞击物体	19	初级	1	2	3
天	天空	18	初级	1	2	3
有	表示存在	18	初级	1	2	2
生	生育;出生	18	初级	1	2	3
出	从里面到外面(跟"进、入"相对)	17	初级	1	2	2
得	得到	17	初级	1	2	2
自	自己	17	初级	1	2	2
出	用在动词后表示向外、显露或完成	16	初级	1	1	4
来	用在动词后,表示动作朝着说话人所在的地方	16	初级	1	1	5
火	物体燃烧时所发的光和焰	16	初级	1	2	3
色	颜色	15	初级	1	2	4
光	通常指照在物体上,使人能看见物体的那种物质,如太阳光、灯光、月光,以及看不见的红外线和紫外线灯等。也叫光波、光线	15	初级	1	2	3
天	一昼夜二十四小时的时间,有时专指白天	15	初级	1	2	5
下	由高处到低处	15	初级	1	2	1
分	使整体事物变成几部分或使联在一起的事物离开(跟"合"相对)	15	初级	1	2	2
上	位置在高处的	15	初级	1	2	2
上	由低处到高处	15	初级	1	2	2
面	头的前部;脸	15	初级	1	2	3
打	殴打;攻打	15	初级	1	1	3

续表

汉字	素义	频率参数总值	建议级别	词/素教学顺序①	教学类型②	构词位置③
心	人和高等动物身体内推动血液循环的器官……	15	初级	1	2	3
电	有电荷存在和电荷变化的现象……	15	初级	1	2	2
发	送出;交付	14	中级	1	2	3
行	走	14	中级	1	2	3
地	土地;田地	14	中级	1	1	4
力	力量;能力	13	中级	2	2	4
化	加在名词或形容词之后构成动词,表示转变成某种性质或状态	13	中级	2	2	5
人	每人;一般人	13	中级	1	1	4
气	气息(呼吸时出入的气)	13	中级	1	2	4
花	用;耗费	13	中级	1	2	2
体	身体,有时指身体的一部分	12	中级	2	2	3
工	工作;生产劳动	12	中级	2	2	3
行	做;办	12	中级	1	1	3
头	名词后缀 a)接于名词性词根 b)接于动词词根 c)接于形容词词根	12	中级	2	2	5
大	程度深	12	中级	1	1	2
工	工人和工人阶级	12	中级	2	1	4
子	古代指儿女,现在专指儿子	12	中级	2	2	4
头	物体的顶端或末梢	12	中级	1	2	4
机	机器	12	中级	2	2	3
体	物体	12	中级	2	2	4
发	产生;发生	12	中级	1	1	3
意	心愿;愿望	12	中级	2	2	4
下	次序或时间在后的	11	中级	1	1	2

续表

汉字	素义	频率参数总值	建议级别	词/素教学顺序①	教学类型②	构词位置③
意	意思	11	中级	2	2	4
子	名词后缀	11	中级	2	2	5
流	指江河的流水	11	中级	2	1	4
动	改变(事物)原来的位置或样子	11	中级	2	2	4
上	到规定时间开始工作或学习等	11	中级	1	1	1
学	学问	11	中级	2	2	4
手	擅长某种技能的人或做某种事情的人	11	中级	2	1	5
外	以外	10	中级	1	2	4
上	次序或时间在前的	10	中级	1	1	2
地	地板(房屋等建筑物内部以及周围的地上铺的一层东西,材料多为木头、砖石或混凝土)	10	中级	1	2	3
动	动作;行动	10	中级	2	2	4
面	(～儿)物体的表面,有时特指某些物体的上部的一层	10	中级	2	2	4
地	陆地	10	中级	2	2	3
气	气体	10	中级	2	2	3
气	气势	10	中级	2	2	4
来	从过去到现在	10	中级	1	1	5
长	生长;成长	10	中级	1	1	4
面	部位或方面	9	中级	2	1	5
面	粮食磨成的粉,特指小麦磨成的粉	9	中级	2	2	3
花	(～儿)可供观赏的植物	9	中级	1	1	3
力	特指体力	9	中级	2	2	4
上	到;去(某个地方)	9	中级	1	2	1

续表

汉字	素 义	频率参数总值	建议级别	词/素教学顺序①	教学类型②	构词位置③
力	物体之间的相互作用,是使物体获得加速度和发生形变的外因。力有三个要素,即力的大小、方向和作用点	9	中级	2	1	4
然	如此;这样;那样	9	中级	2	2	4
化	变化;使变化	9	中级	1	2	4
天	迷信的人指自然界的主宰者;造物	9	中级	1	2	2
水	指江、河、湖、海、洋	9	中级	1	2	2
老	很久以前就存在的(跟"新"相对)	9	中级	1	1	2
无	不	9	中级	1	2	1
来	(问题、事情等)发生;来到	9	中级	1	2	2
一	表示整个;全	9	中级	1	2	1
人	别人	9	中级	1	2	4
地	地球;地壳	9	中级	2	2	2
行	行业	9	中级	1	2	3
发	头发	9	中级	1	1	3
气	人的精神状态	8	高级	2	2	4
出	出产;产生	8	高级	1	2	3
外	外国;外国的	8	高级	1	1	2
地	地区(较大范围的地方)	8	高级	1	2	3
生	产生;发生	8	高级	1	1	3
学	学校	8	高级	2	2	4
生	生存;活(跟"死"相对)	8	高级	1	2	3
大	排行第一的	8	高级	1	2	2
口	(~儿)出入通过的地方	7	高级	2	2	4

续表

汉字	素 义	频率参数总值	建议级别	词/素教学顺序①	教学类型②	构词位置③
老	用于称人、排行次序、某些动植物名	7	高级	2	2	1
色	脸上表现的神情;神色	7	高级	2	1	5
风	风气;风俗	7	高级	2	1	4
打	表示身体上的某些动作	7	高级	1	2	1
风	态度;姿态	7	高级	2	2	2
发	流露(感情)	7	高级	1	1	1
学	指学科	6	高级	2	1	4
一	表示同一	6	高级	2	2	2
分	分配	6	高级	1	1	2
水	河流	6	高级	1	2	3
机	机会;时机	6	高级	1	1	4
花	颜色或种类错杂的	6	高级	2	2	2
机	飞机	6	高级	1	1	3
生	生疏	6	高级	1	1	3
生	生长	6	高级	1	2	4
发	表达	5	高级	2	1	2
子	小而坚硬的块状物或粒状物	5	高级	1	2	4
出	往外拿	5	高级	1	1	1
年	岁数	5	高级	1	1	2
力	尽力;努力	5	高级	2	1	2
打	做;从事	5	高级	1	2	1
发	感到(多指不愉快的情况)	5	高级	1	1	1
出	显露	5	高级	2	2	2
下	去;到(处所)	5	高级	1	2	1

续表

汉字	素 义	频率参数总值	建议级别	词/素教学顺序①	教学类型②	构词位置③
出	超出	5	高级	2	2	2
头	事情的起点或终点	5	高级	2	2	4
长	增进；增加	4	高级	1	1	4
生	具有生命力的；活的	4	高级	2	2	2
白	没有效果；徒然	4	高级	1	2	1
下	退场	4	高级	1	2	1
花	(～儿)形状像花朵的东西	4	高级	2	2	5
流	品类；等级	4	高级	2	2	4
学	模仿	4	高级	1	1	1
光	(身体)露着	4	高级	1	2	1
发	放散；散开	4	高级	2	2	3
分	(～儿)分数(评定成绩或胜负时所记的分儿的数字。)	4	高级	1	1	4
面	面条	4	高级	1	1	4
一	〈书〉用在某些词前加强语气	4	高级	2	2	1
年	年节	4	高级	2	1	3
年	时期；时代	4	高级	2	1	3
年	一生中按年龄划分的阶段	4	高级	2	1	5
生	生平	4	高级	2	1	4
长	领导人	4	高级	2	2	4
工	工程	4	高级	2	2	3
老	陈旧	4	高级	1	1	1
老	原来的	4	高级	1	2	1
生	生命	4	高级	2	2	4
发	因得到大量财物而兴旺	4	高级	1	2	2

续表

汉字	素 义	频率参数总值	建议级别	词/素教学顺序①	教学类型②	构词位置③
行	指旅行或跟旅行有关的	4	高级	1	2	2
地	地方(dì·fang)(某一区域;空间的一部分;部位)	4	高级	2	2	4
下	向下面	4	高级	2	1	1
下	放入	3	高级	1	1	1
出	支出	3	高级	2	1	2
光	光彩;荣誉	3	高级	2	1	3
打	从	3	高级	1	1	3
小	排行最末的	3	高级	1	2	2
头	第一	3	高级	2	2	2
天	季节	3	高级	1	1	5
动	触动(思想感情)	3	高级	1	1	2
打	采取某种方式	3	高级	1	2	1
气	气味(鼻子可以闻到的味儿)	3	高级	2	1	3
生	(食物)没有煮过或煮得不够的	3	高级	1	1	2
上	登载;电视上播映	3	高级	1	2	1
下	到规定时间结束日常工作或学习等	3	高级	2	1	1
头	指头发或所留头发的样式	3	高级	2	1	4
下	使用;开始使用	3	高级	1	1	1
动	使用;使起作用	3	高级	1	2	1
生	果实没有成熟(跟"熟"相对)	2	高级	1	2	1
打	揭;凿开	2	高级	1	1	1
年	每年的	2	高级	2	1	1
花	(眼睛)模糊迷乱	2	高级	1	1	3
白	无代价;无报偿	2	高级	1	1	1

续表

汉字	素　　义	频率参数总值	建议级别	词/素教学顺序①	教学类型②	构词位置③
出	发出；发泄	2	高级	1	1	1
火	比喻发怒	2	高级	1	2	2
下	发布；投递	2	高级	1	1	1
上	向上级呈递	2	高级	1	1	1
分	（某些计量单位的）十分之一	2	高级	2	1	1
手	亲手	2	高级	2	1	1

致　谢

　　本书得以定稿付印,首先要感谢我的导师李如龙教授多年来的悉心指导,此外,还要感谢苏新春教授和侯敏教授无私地提供了语料上的支持,使我的研究得以在更广泛的语料基础上展开。

　　最后,感谢我的家人和爱人在此书写作期间一如既往地支持、信任、呵护着我。我将怀着一颗感恩的心,在人生的道路上、学术的道路上继续奋力前行。

吴茗
2015 年 1 月

图书在版编目(CIP)数据

现代汉语常用语素项属性研究/吴茗著.—厦门:厦门大学出版社,2015.6
ISBN 978-7-5615-5503-3

Ⅰ.①现… Ⅱ.①吴… Ⅲ.①现代汉语-语素-研究 Ⅳ.①H146

中国版本图书馆CIP数据核字(2015)第124719号

官方合作网络销售商:

厦门大学出版社出版发行

(地址:厦门市软件园二期望海路39号 邮编:361008)

总编办电话:0592-2182177 传真:0592-2181253
营销中心电话:0592-2184458 传真:0592-2181365
网址:http://www.xmupress.com
邮箱:xmup@xmupress.com

厦门大嘉美印刷有限公司印刷
2015年6月第1版 2015年6月第1次印刷
开本:720×1000 1/16 印张:17.5 插页:2
字数:250千字
定价:36.00元

本书如有印装质量问题请直接寄承印厂调换